U0850609

海上医事

——近代上海中医文化

总顾问　严世芸　段逸山
总编审　王　键
总主编　黄　瑛　梁尚华

名医传芳

编撰　梁慧凤

上海科学技术出版社

图书在版编目(CIP)数据

名医传芳/梁慧凤编撰.—上海:上海科学技术出版社,2020.1

(海上医事:近代上海中医文化/黄瑛,梁尚华总主编)

ISBN 978-7-5478-4711-4

Ⅰ.①名… Ⅱ.①梁… Ⅲ.①中医学-医学家-生平事迹-上海-近代 Ⅳ.①K826.2

中国版本图书馆CIP数据核字(2019)第276261号

项目资助

1. 本丛书由上海文化发展基金会图书出版专项基金资助出版

2. 上海高校一流学科建设项目(科学技术史)资助

3. 上海自然而然中医药发展基金会资助项目

海上医事——近代上海中医文化·名医传芳

梁慧凤　编撰

上海世纪出版(集团)有限公司
上海科学技术出版社　出版、发行
(上海钦州南路71号　邮政编码200235　www.sstp.cn)
苏州望电印刷有限公司印刷
开本 700×1000　1/16　印张 11.25
字数 150千字
2020年1月第1版　2020年1月第1次印刷
ISBN 978-7-5478-4711-4/R·1982
定价:48.00元

内容提要

近代上海，名医荟萃，流派纷呈，产生过许多中医医院、教育机构、社团组织，创办过大量中医药报纸杂志，培育了众多中医人才。本书收集、整理了丁甘仁、张骧云、朱南山、蔡小香、恽铁樵、章次公、顾筱岩、程门雪、秦伯未、陆瘦燕等约五十位近代上海中医名家的生平事迹、医术专长、医风医德、医学成就，并简要介绍其学术特色，使读者读后既可了解医家其人其事，亦可略晓近代上海中医发展历程。本书适合中医医史爱好者阅读，也可供中医临床工作者参考使用。

（以姓氏笔画为序）

朱　音　宋欣阳　张雪丹　荆丽娟　康欣欣　章　原

对历史之温情与敬意

秋天的景意并未完全消尽，立冬踩着厚厚的落叶，披着清澈高远的蓝天，伴着纷乱的微寒粉墨登场，进入了一个万物收藏、育阴涵阳、为春季的勃发做储备的阶段。这几天，我或在灯光下，或在高铁行程中，用心地阅读着“海上医事——近代上海中医文化”的书稿，回顾历史，联系当下，放眼未来，不由地引发了许多文化方面的思考。

中医文化，源远流长。究其滥觞，可追溯至上古三皇时代。《尚书》曰：“伏羲、神农、黄帝之书，谓之《三坟》，言大道也。”伏羲制九针、神农尝百草、黄帝传医道，不仅是中医文化之源，也是中华文明之源。

《唐律名例疏议释义》曰：“中华者，中国也。亲被王教，自属中国，衣冠威仪，习俗孝悌，居身礼义，故谓之中国。”言中华文明者，必言中华文化也。自中华大地诞生第一件陶器伊始，中华文化便与中华文明一起孕育、成熟、演绎、绵延。古代人民创造了光辉灿烂的文化，文化哺育滋养了博大精深的中医药学，中医药学又以其独特的文化，熏陶和涵育着一代又一代的华夏人民。

大约 6 000 年前，古代先民便已在上海西部腹地崧泽一带耕种生息，发崧泽文化之端绪，启海上文明之曙光。战国时期，领土不断兼并，人口频繁迁徙，吴越文化与楚文化、中原文化相继融合，奠定海派文化之根基。深受崧泽、吴越文化之浸润的海派中医，肇始于唐代，兴起于宋元，鼎盛于明清。晚清开埠，百川汇流，一时群星璀璨、欣欣向荣。民国期间，欧风东渐，大医先贤们，一方面弘扬国粹，容纳新知，积极探索中医发展之路；另一方面，在传统医学危机存亡之际，勇于挺身而出，坚决捍卫中医地位与尊严。中华人民共和国成立后，党和国家对中医药事业极为重视，海派中医迎来了久违的春天，重新焕发出勃勃生机。在社会主义新时代，中医药学作为中国传统文化的精髓，又承载着复兴中国传统文化的历史使命。习近平总书记提出："中医药学凝聚着深邃的哲学智慧和中华民族几千年的健康养生理念及其实践经验，是中国古代科学的瑰宝，也是打开中华文明宝库的钥匙。"在这种背景下，"海上医事——近代上海中医文化"系列丛书的出版，极具现实意义，可谓适逢其时。

"海上医事——近代上海中医文化"丛书由梁尚华和黄瑛领衔编写，上海中医药大学科技人文研究院多位专家参与，是集体研究成果的结晶。该丛书内涵丰富，从不同角度考察了近代上海中医药文化的表现形式，极具文化、学术和史学价值。约略言之，其主要内容如下。

一、《医政医事》——斟民国之医政，酌当今之得失

《医政医事》辑录了民国时期上海实施或颁布的与中医相关的法律、法规，以及公布后所产生的社会反响和相关重大事件。

《旧唐书·魏徵传》说："夫以铜为镜，可以正衣冠；以史为镜，可以知兴替；以人为镜，可以明得失。"以民国之医政为镜，可知兴替而明得失。现代医政制度肇始于民国时期，然而当时社会动荡、战乱频仍，医之政令频繁变动、朝令夕改，从最初之"漏列否定"，到后期之"自治管理"，均未能给中医教育一个合理地位，导致在上海创办的多所中医学校在纷乱的政令中风雨飘摇、

举步维艰。此外，当时的医政制度基本仿照西方，罔顾中国实际，导致水土不服、文化冲突。从这些特色政令与事件中，既可看出当时国民政府对传统医学的冷漠与摧残，亦可看到中医前辈为维护中医地位与尊严而做出的不懈努力与不屈抗争。

二、《讲稿选萃》——研名师之讲义，究岐轩之奥赜

《讲稿选萃》辑录了民国时期上海中医教育名家丁甘仁、包识生、恽铁樵、程门雪、章巨膺、秦伯未、承澹盦、钱今阳、许半龙的各科讲义，按医经、诊断、临床各科排序，还节录其中能反映名家教育思想和临床特色的内容，并配以教材图片。

“讲义”一词，原指讲经说义，后亦指讲经说义之稿。唐代羊士谔在《郡斋读经》一诗中谈其读经心得，道：“息阴惭蔽芾，讲义得醍醐。”先贤论道，知无不言、言无不尽。丁甘仁等前辈之讲义，乃其毕生心血所凝聚，岐轩之奥赜、仲景之义理，无不蕴涵其中。如能细心研读、悉心揣摩，必能登堂窥奥，如醍醐灌顶、豁然开朗，如春雨润物、沁人心扉。

三、《名医传芳》——述名医之生平，传杏林之芳馨

近代上海，名医荟萃、学术交融。他们创社团、建医院、办学校、印报刊、编书籍，留下许多佳话，在近代中医史上描绘出浓墨重彩的华章。

《尚书·君陈》曰：“至治馨香，感于神明。黍稷非馨，明德惟馨。”近代中医先贤们不仅医术精湛，而且品德高尚。追忆先贤往事、缅怀其鸿轩凤翥之风，可以更加全面、深入地感悟为医之道。本书收集、整理了丁甘仁、王仲奇、张骧云、朱南山、蔡小香、恽铁樵、严苍山、章次公、顾筱岩、程门雪、秦伯未、陆瘦燕等五十余位近代上海中医名家的生平事迹、医事活动、医学成就，并简要介绍其学术特色，使读者既可了解医家其人其事，亦可略晓近代上海中医的发展历程。

四、《名家方案》——读名家之医案，钩治病之良方

近代著名思想家章太炎先生曾说："中医之成绩，医案最著。欲求前人之经验心得，医案最有线索可寻，循此钻研，事半功倍。"清代医家周学海亦云："宋以后医书，唯医案最好看，不似注释古书之多穿凿也。每部医案中，必有一生最得力处，潜心研究，最能汲取众家之所长。"医案是前辈医家治疗经验的如实记录，亦是其一生行医最得力之处，用药之道，治病良方，靡不具备。如能悉心挖掘，钩沉索隐，必然大有裨益。

《名家方案》辑录了晚清至民国期间上海中医名家的医案著作，选录何鸿舫、陈莲舫、汪莲石、丁甘仁、曹颖甫、朱南山、陈筱宝、张山雷、恽铁樵、曹惕寅、王仲奇、陈无咎、祝味菊等名家医案，并从医者、疾病、患者等角度进行简单评述，使读者从这些医案著作具体鲜活的临床诊治个案中，了解近代中医医家的医学观点、医疗方法，近代的常见病、多发病，以及医学实践中的人文情怀。

五、《医事广告》——搜医事之广告，揽医林之胜景

"广告"一词，顾名思义，广而告之也。中国的广告文化，渊源流长。灯笼、酒旗、对联、匾额，皆为广告的雏形。唐代杜牧有诗云，"千里莺啼绿映红，水村山郭酒旗风"，即是对酒肆广告的一种描述。

医事广告，古已有之，而且数量颇为可观。时至近代，伴随着报刊等新型广告载体的涌现，现代意义上的广告才真正出现。近代上海医药广告，林林种种，蔚为可观，无疑是一道亮丽的文化风景线。

本书对晚清开埠至中华人民共和国成立近百年间的医药广告，进行纵向梳理、分类编撰。其中既有五花八门的各种医药广告载体，也有形形色色的医药广告内容；既有海上名医的广告趣闻，

也有中药老字号的广告生意经；既有国货运动中的医药广告，也有医药广告领域的传奇事迹。阅览此书，可以从一个新的视角去认识和了解上海近代医疗文化的丰富和多姿。

六、《医学交流》——记医学之交流，录海上之风云

晚清以降，世事变幻，风云激荡，西学东渐的思潮席卷中华大地，传统医学首当其冲。在异域文化的强势攻击面前，国人茫然无助者有之，颓丧失意者有之，屈膝投降者有之，然而更有高瞻远瞩之士，积极交流、多方沟通，探索中医发展之路。无论是西医的“强势闯入”，还是中医的“自信走出”，都离不开上海这一政治、文化、经济、医学等诸多方面的荟萃之地。

《医学交流》辑录了 1840 ～ 1949 年间上海医学的对外交流情况，由展会、书籍、技术、药物、疾病、教育、人物、机构等内容组成，涵盖了沪上药物贸易、医药交流展览、医技传播、医界医事、医校医院、各类译本等诸多方面的基本情况，使读者可以领略近代上海医学交流的风云画卷。

七、《医林闻趣》——载医林之轶事，瞻先贤之雅趣

《医林闻趣》将近代上海中医药领域的一些著名医家的临诊特色、日常生活、社会活动、人际交往、雅趣嗜好等方面的趣闻轶事，编撰成可读性较强的叙事性故事，以重现当时海派中医鲜活的医人事迹。全书分为“医人趣闻”“医事闻趣”“药事闻趣”“名人与中医轶事”四部分，就像多棱镜一样折射出这一时期上海滩各路医家多姿多彩的临床特色和包容扬弃的医学文化氛围。

八、《药肆文化》——鉴药肆之文化，观国药之浮沉

《药肆文化》主要介绍了近代上海国药业的情况。上海自开埠以后，国药业进入了繁荣时期，著名的“四大户”“八大家”“四大参号”及粹华、佛慈等药厂纷纷建立，上海国药业亦组成了国药业同业公会及国药业职工会等组织，参与了近代上海的救国运

动。本书通过对药肆文化的记述，向读者介绍了近代上海国药业许多不为人知的一面，以此纪念那个风云动荡的年代，国药业与之沉浮的动人故事。

九、《医刊辑录》——溯期刊之往昔，忆国医之峥嵘

寻访老期刊，是一次别开生面的揽胜之旅。然而，回顾中医药的老期刊，更多的是一趟文化苦旅。翻开这些泛黄的册页，满目触及的是战斗的檄文、激烈的辩述，还有深刻的反省。历史上的中医药从未如此窘困，也从未如此澎湃。

本书收集 1840 ～ 1949 年上海行政区划内出版和发行的中医药期刊 30 余种，从中发掘有意义的文章、期刊背后的故事、创办的前因后果等，并简单介绍期刊的开办时间、发行周期、板块设置、创办者和出版者、期刊特点、重要文章等。内容取材广泛，围绕期刊讲故事，以求展现近代中医药老期刊的精神风貌。

十、《医家遗墨》——品大师之遗墨，赏儒医之风骨

古人云，闻弦歌而知雅意，而赏医家之翰墨，更能领略其儒者之风范，高雅之情操，恬澹之心境。

海上中医大师们不仅医术精湛，而且多擅长笔墨丹青。例如，寓居上海的一代名医王仲奇先生，不仅以新安王氏内科的高明医术饮誉海内外，而且学问造诣深厚，医案文采飞扬，常引经据典，且工于书法，故深得著名画家黄宾虹赏识，黄氏曾称赞其处方："笔墨精良，本身就是书法艺术品。"又如，海派名医程门雪多才多艺，有诗、书、画"三绝"之誉。国画大师王个簃称其"不以诗名，而境界高雅，时手鲜有其匹"。

《医家遗墨》介绍近现代上海中医名家的著书手稿、处方药笺、题署序跋、诗画文墨等，图文并茂，并联系社会文化背景，稍加释读，使读者感受当时医家的笔墨文化。

结语

传统是从过去传延到今天的事物。凡是被人类赋予价值和意义的事物，传延三代以上的都是传统。传统的功能是保持文化的连续性，为社会带来秩序与意义。传统是人类智慧在历史长河中的积淀，是世代相传的行为方式，是规范社会行为、具有道德感召力的文化力量。而传统的特色又往往是其生命力之所在。纵览全书，“海上医事——近代上海中医文化”有以下特色。

文化立意，钩深致远。一个民族的复兴或崛起，常常以民族文化的复兴和民族精神的崛起为先导。中医药学作为中国传统文化的精髓，同时承载着复兴中国传统文化的历史使命。“国医大师”裘沛然曾说：“医学是小道，文化是大道，大道通，小道亦通。”故本系列丛书以文化立意，从文化角度来探讨海派中医，可谓探赜索隐，钩深致远。

包罗万象，无所不涵。本系列丛书涵盖了海派中医文化的方方面面，如医政、讲稿、医案、广告、期刊、书画等，林林总总，不一而足，似万花筒般包罗万象、无所不涵，又如多棱镜般折射出五彩缤纷、绚烂夺目的文化百态。书中既有钩深极奥、严谨务实的讲义、医案等，又有通俗易懂、生动活泼的趣闻、轶事，故适合各类人群阅读。

以史为镜，酌古斟今。本系列丛书不仅从文化角度横向探讨海派中医的各个方面，而且从史学角度纵向梳理海派中医的发展脉络，使医学研究更加全面严谨，愈发血肉丰满。《战国策》说：“前事之不忘，后事之师。”传统医学的发展，如同“泛泛杨舟，载浮载沉”，并非一帆风顺。民国时期，“瑰宝蒙尘”，海派先贤们一方面竞尚新学，冀图振兴，一方面涵泳古今，铁肩卫道；而“浮薄幸进之流，则视吾国固有文化如敝屣，毋问精粗，罔辨真伪，唯恐扫除之不力，甚至有倡言废除汉文者，直欲从根本上消灭中华文化，更何惜于民族医学。”（裘沛然语）反观今日，仍有浅鄙之流诋毁中医，抛出“废医验药”之谬论。故以史为镜，酌古斟今，重温那段历史，对我们当今如何发展中医，仍具现实意义。

陈寅恪先生曾说：“华夏民族之文化，历数千载之演进，造极于赵宋之世。后渐衰微，终必复振。譬诸冬季之树木，虽已凋落，而本根未死，阳春气暖，萌芽日长，及至盛夏，枝叶扶疏，亭亭如车盖，又可庇荫百十人矣。”北宋王安石有诗云：“岁老根弥壮，阳骄叶更阴。”历经五千年风雨沧桑的中医必将伴随着中华民族和中华传统文化的全面复兴而重新焕发绚丽光彩。大风泱泱，大潮滂滂，海派中医，以其“海纳百川、有容乃大”的气魄，亦必将站在时代潮流的浪尖尽展英姿，再领风骚。钱穆先生曾说：“任何一国之国民，尤其是自称知识在水平线以上之国民，对其本国已往历史应该略有所知。所谓对其本国已往历史略有所知者，尤必附随一种对其本国已往历史之温情与敬意。”值兹“海上医事——近代上海中医文化”即将付梓之际，乃握管濡毫，书是序以弁简端。

王　键

戊戌年立冬时节于少默轩

丛书前言

医疗卫生是与民生息息相关的事业，其发展不仅有赖于社会经济、文化的水平，更可映射出这一时期的社会文明程度，而传统中医更是与中国社会及人文精神密切相关。

上海自开埠以来，迅速成为近代中国的商业、工业、金融中心。在经济、文化繁荣兴旺的同时，也带来了医疗卫生事业的昌盛。这一时期的上海，吸引了周边乃至全国各地的中医名家长期驻足，成为中医药文化发展和传播的重要地区。但近代西风东渐的社会环境下，中医始终面临着生存危机，在得不到国家政策、财力等支持的情况下，上海中医界在积极抗争救亡的同时，吸取西方医学的科学思想，通过兴办中医学校、创办中医社团、发行医学报刊、编写学校教材来培养中医人才，并借鉴西方医学先进的科学理念，积极开办医院、建造药厂、创办中医书局来促进当时的中医药事业发展。因此，尽管近代中医药发展在政策上受到了压制，但是在当时的上海地区，中医药事业发展还是呈现出了百家争鸣、百花齐放的繁荣局面，成为近代中医药学术发展的中心。

近代的上海，由于地域、经济、人才等方面的优势，始终引领着中医药学术和文化发展方向，而上海中医界善于兼容并蓄，具有勇于扬弃、开拓创新的汇通新思想，逐渐形成了具有多元文化背景、海纳百川的海上中医现象，即后人所称的“海派中医”。

“海上医事——近代上海中医文化”丛书通过对近代，特别是民国时期上海医政医事、医家传略、名家医案、医家传薪讲稿、民国医刊、医家遗墨、医林闻趣、药肆与药厂等方面的重温和描述，试图从多个角度向读者展示近代上海中医药学术和文化特色，使读者在阅读后既能了解近代上海中医药发展的历史，又能领略多姿多彩的海派中医文化现象。

本套丛书分为十册，分别为：《医政医事》《名医传芳》《名家方案》《讲稿选萃》《医刊辑录》《医家遗墨》《医林闻趣》《药肆文化》《医事广告》《医学交流》。每册书中适当配以图像资料，以增加内容阅读的生动性和有趣性，使阅读群体不仅仅局限于中医专业人士，更有广泛的受众。

丛书编撰过程中，在收集具有代表性的近代中医政策、中医事件、中医代表人物生平事迹时，尽量将一些目前正在研究但尚未报道或报道较少、鲜为人知的中医人、中医事及医家遗作遗墨等收录丛书，以充分展示近代上海中医药发展的历史脉络及中医药人文特色。

编　者

2018 年 4 月

编写说明

“海纳百川，有容乃大”。自 1843 年开埠以降，上海逐渐成为移民城市，五方杂处，华洋混居，东西方文化在此激烈碰撞与交融，形成了一种特定的文化现象——海派文化。近代上海，风云际会，名医云集，上海本土中医名家与各地来沪名医互相切磋砥砺，取长补短，在传统与创新，包容与竞争，中西医的碰撞、抗争、交融中形成了一个地域性中医医学派别——海派中医，是海派文化的重要组成部分。具有开放包容、和而不同的特质。据统计，中华人民共和国成立前上海名中医有 170 余名，1948 年 3 月登记在册的上海市中医师公会的会员就有 3 299 人，中医队伍十分庞大。其中佼佼者，本土名家有夏应堂、张骧云、张山雷、蔡小香、徐小圃、顾筱岩、陈筱宝、陆渊雷、杨永璇等；外来名医如丁甘仁、谢观、曹颖甫、费绳甫、祝味菊、王仲奇、王子平、朱南山、章巨膺、魏指薪、姚和清、董廷瑶等。他们组织中医社团、创建中医医院、创办中医学校、出版中医报刊、编纂中医中药工具书，举办全国中医抗争活动；他们兼容并包，善于吸收他人之长，创立各具特色的中医临床各科流派；他们引领潮流，敢为天下先，开创了中医史上数十个第一……与时俱进，精彩纷呈，在近代中医史上描绘出浓墨重彩的华章。

本书内容以收集、整理近代上海中医名家生平事迹、医术专长、医风医德、医学成就为主，并简要介绍其学术特色，以医家出生年份顺序编排。限于篇幅，确定名医范围时主要考虑以下两点：（一）1949年前在上海市现行政区内业医或从事医药活动者，包括部分属寓居上海的外省市医家；（二）必须是著名医家，在中医临床某方面有特色专长，并得到业界及公众认可，涉及内、外、妇、儿、针灸、伤骨、推拿、五官、气功、眼等临床各科；或是在中医理论、教育、医史文献等领域有突出贡献，国内外影响较大者。

本书在编写过程中得到了上海中医药大学科技人文研究院领导的大力支持及相关专家的悉心指导，得益于编委会同仁的互相帮助，上海中医药大学高欣桐、徐思敏、吴端同学也参加了部分编写工作，在此一并感谢！因编者学识与能力所限，错漏之处仍属难免，敬祈读者指正。

梁慧凤

2019年11月

名医传芳

目录

何鸿舫

妙法起沉疴，书法亦传人

何鸿舫（1821—1889），原名昌治，后改名长治，字补之，号鸿舫，晚号横泖病鸿、淞南医隐等，医名以鸿舫著。江苏青浦（今属上海）人，系何氏世医第二十四代传人，名医何书田之子。

何鸿舫5岁起接受经学、音韵、训诂等教育，奠定了古文、诗词、书画的功底。17岁丧父，29岁奉母避水灾居于郡城（今松江），后侨居上海颛桥。晚年曾寓医于上海南市。其生前因诊务繁忙，寄兴于诗词书画，在医学方面未有系统著作问世。留于后世的医案见于陆晋笙收辑的合何元长、何书田、何鸿舫祖孙三世医案于一书的《重固三何医案》中的下卷及后裔整理的《清代名医何鸿舫医案》《何鸿舫事略及墨迹》。何鸿舫自身著有《还如阁诗存》《续医人史传》等。其长子何振宇、次子何振实均承家学，工书善医。

何鸿舫曾先后培养门生30多人，其医业之盛，使上海市青浦水乡小镇（重固镇）病员云集，致舟楫首尾相接，甚至妨碍居民洗衣、汲水。从其医案所载病例看，何鸿舫无论于治疗内伤、外伤、湿疮、痿证、胎前产后、小儿惊风还是于咳嗽吐血骨热之肺痨，气摒努力之劳倦，以及肝脾俱伤之臌疾等方面均有丰富的经验，尤其青浦地区属血吸虫病严重流行区域，他摸索出一套行之有效的方法，主张治在肝脾、法重温疏，既有法度，又富变化，可谓名家手眼，不同凡响，也表明鸿舫先生对劳动人民的疾苦有相当的同情和了解，其医术之精，近人程门雪、秦伯未等均给予高度评价，学术影响遍及江、浙、皖三省数十县。

何氏在诊病之余对有些细节问题十分注意，因此通过小事做成了具有历史意义的创举。如当时有很多病家慕名远道而来，为了让其能及时配药煎服，何鸿舫在自己的寿山堂药店里，置备了许多药罐和炭炉免费借与病家，此举可谓是以后中药店代客煎药业务的萌芽。又如，他常嘱病人勿饮"汤罐水"，所谓汤罐水，乃是乡里灶锅旁铁罐内盛放之水，此水常温而不沸，极利于细菌的繁殖，于百余年前，何鸿舫即能提出如此合乎现代饮水卫生标准的医嘱，实属不易。此外，若遇有生活困难的患者，何鸿舫不仅不收诊费，还温言宽慰，在其药方上加盖图章，由寿山堂免费提供药物。他坐堂应诊的椅侧，还常常放置一只柳条钱斗，里面装有成串的铜钱，每当贫病交加之人前来问诊，他除一文不收外，还常拿出一串钱来，给予随行的孩子或是同来的陪属，担心对方不肯接受，便托词说是用来买些"过药"吃（中药味苦，一般会在服药之后吃些糖食水果以压之，谓之"过药"），既善为周济，还于言行举止中照顾其感受，心细如发处如对亲人。

何家累世为医，据说老宅原为状元府邸，宽宏堂皇，颇有气概，达官贵人时来盘桓，可知生活优裕。可是鸿舫先生并未因此养尊处优。三十年间，除在重固老宅候诊，他还常驾一叶扁舟，频繁往来于上海南市之姜衍泽药店、漕河泾、颛桥及宝山县之罗店镇、嘉定县之戬浜桥、松江城内沈园等地，四处寓医。青浦及邻地多水乡，为了患者，何鸿舫甘于忍受船舱蓬底之局促，常年奔波于渠塘水路之上；他开诊的时间，经常从辰刻（上午七时）直至亥刻（晚上十一时），一天可达十余小时之多，其医德高尚，堪为后世楷模。

何鸿舫能画善曲，于诗词兴趣最浓，他作诗勤奋，善于创新。其诗作时有新意，每得佳句，如"香树鸦为叶，疏林霜作花""清绝半湖月，萧然独夜舟""情随孤月远，梦与白云深"等。书法尤为何鸿舫所长，立基于颜真卿，得法于王羲之。他的字体秀逸峭利，至晚年更见雄浑苍劲。他的药方墨迹，为病家、医家和书法爱好者乃至日本人士多方搜求，装裱成册，一时有"江东独绝"之称，实属艺术珍品（图 1）。何鸿舫不仅医名驰名大江南北，且凡处方必亲手书写，不假手于弟子，由于书法高妙，时人获其处方珍若拱璧，日本人来沪搜购，一纸值至银元 10 枚。名医程门雪为《何鸿舫编年药方墨迹》曾题诗：“每于烂漫见天真，草草方笺手自亲。不独医林仰宗匠，即论书法亦传人。”盛赞其不独在医界堪称宗师，单论书艺亦足传后人。

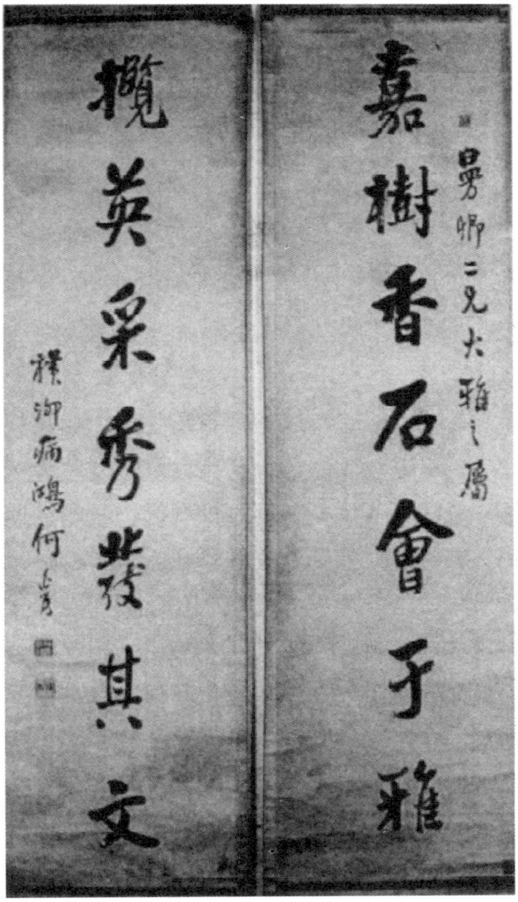

图1　何鸿舫墨迹

陈莲舫

荣恩五召方独到，儒医国手世无伦

图2　陈莲舫

陈莲舫（1840—1914），名秉钧，别署庸叟，又号乐余老人，江苏青浦（今属上海）人（图2）。他出生于中医世家，其祖上名医辈出，曾祖父陈学山为清代著名中医外科医生，其祖父陈涛、父亲陈垣均为当地名医，至陈莲舫时已是医传第十九世。

陈莲舫少年习儒，业至廪生、补生员，后因仕途坎坷，遂归故里，潜心医学。由于他有一个医学世家的便利条件，陈氏自幼在习儒的同时，也跟随他的祖父陈涛学习医学，“随诊左右，尽得家传”，加之他学习刻苦、博采并蓄，所以医道大有长进。迨至陈莲舫中年时期，其医疗水平日见精湛，熟经方、晓脉理，尤其对于祖传外治法造诣很深。在光绪中叶，陈莲舫悬壶于青浦珠溪镇（今上海市朱家角镇），四方求诊者毕至。远近病人有求者，他即前行，经常往来于江浙之间，足迹遍及粤、鄂、皖、湘等省，上至王公大臣、封疆大吏，下之平民百姓，求治者甚众，治病也是药到病除。

在光绪二十四年（1898），光绪皇帝患虚劳病，屡药不效。经由当时的内务大臣盛宣怀推荐，并有两江总督刘坤一、湖广总督张之洞保举，陈莲舫入京应诊视疾。由于陈氏处方用药清灵、温和稳妥，采用养阴通滞之法，因而取得了良好的疗效，甚得光绪皇帝和慈禧太后的赏识，故在此后十年间数次奉召入宫视疾，为光绪皇帝和慈禧太后诊病。由于陈氏在治疗皇帝和太后病情的过程中，效出诸医之上，因而被敕封三品荣禄大夫，充御医，值御药房事。为表彰其功，清廷特赐“荣恩五召”匾额以示嘉奖，请苏州名流任道铭写成隶书匾额，用金底龙云纹黑字，制成1米高、3米长的大匾一方，悬于家宅大厅正中。光绪帝死后，他遂以“年老惮居北土”为由，乞归南国，悬壶于上海北海路，历任上海广仁堂医务总裁及各善堂施诊所董事，以御医称，求治者门庭若市，从其学者甚众。后盛宣怀因感谢其治愈自己的瘟疫症，曾邀其设诊所于斜桥盛家寓中。

在陈莲舫晚年时期正是西洋医学传入我国的鼎沸之时，在短短的几十年间，西医诊所、医院、医学学堂遍及全国，中医面临着严峻的挑战。陈氏深感世宙日新，古学不振，力主中医革新，以保存国粹。故在光绪三十年（1904），他和李平书等人发起创立了医学会，光绪三十二年（1906）又参与创办上海医务总会，这一中医界早的学术团体并且编写了中医教材，开办中医学校，致力于中医教育事业，筹办医院，并向工部局提请兴办卫生事业。陈莲舫热心中医教育，亲自带徒授课，制定误本，堪称后世中医教育的典范。其门人弟子众多，北至黑龙江，南到两广，影响遍及全国。其子陈山农、陈箓箓，其孙陈家秋，门人李子牧、寿时中等，皆承其业，亦有医名。此外陈莲舫还历任上海广仁堂医务总裁及各善堂施诊所董事。

陈氏博学精思，推仲景之说；对杂病则宗东垣，注意顾护胃气；对于温病时症，则从叶氏卫气营血辨而治，擅长治疗内、外、妇、儿各科及各种疑难杂症。治病以辨证明理，审病详细，用药轻灵著称。其治学师通古今，权衡达变，常自言“知古而不泥古，方是良医”，提倡“守经尤贵达变”的处方之法。其为人朴实，不喜炫耀，所用处方上有“庸工”印。戊戌变法之后改用“戊戌徵士”，取应召不禄之意。陈莲舫生前著有《加批时病论》《纪恩录》《庸庵课徒草》《女科秘诀大全》（图3）《十二

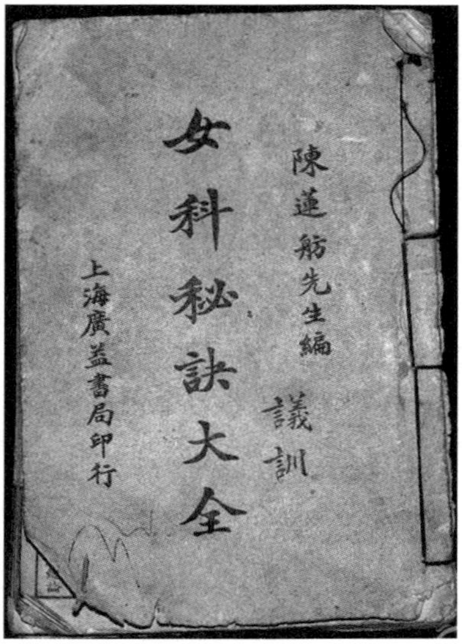

图3 《女科秘诀大全》

经分寸歌》《加批校正金匮心典》等。其医案选录于《名医会诊方案》《七家会诊张越阶方案》及《清代名医医案精华》诸书。丁福保评述其："按语之中庸，用药之渊博，于长沙以下，乃至金元四家、王海藏、张隐庵诸大家之外，别开生面。"

世代行医家学传，儒医国手世无伦。荣恩五召方独到，不吝施教芳名闻。陈莲舫的特殊经历，使其成为晚清集世医、儒医、御医于一身的中医大家，因精湛的医术和独到的学术见解闻名一时，他学识渊博，经验丰富，为人善良、朴实，对病人不分贵贱，一视同仁，其明达变通的治学之法、诲人不倦的授业之心，更是值得后世人师法。

丁凤山

年少习武从戎马，一指禅功传后世

丁凤山（1843—1916），原名丁永春，江苏邗江西门人（图4）。幼时的丁凤山出身贫寒，家中无力购买经史古籍，更无法为他延请名师，以才学文章入仕的路途从开始便难以实现。于是丁凤山自小便跟随父亲练功习武，以身手武功出名似乎已经成为他面前唯一的选择。俗话说“文无第一，武无第二”，一招一式的真功夫从来难以练就，一动一静间的进退权衡，一拳一脚间的针锋相对，一攻一守间的你来我往，强健的体魄易练，坚韧的心性难修。

图4　丁凤山

无论寒冬腊月还是炎炎酷暑，丁凤山始终坚持不懈，勤学苦练，最终功夫不负有心人，他在咸丰年间高中武秀才，封七品旗牌官。也许是多年习武的习惯，让丁凤山比别人多了一份血性与豪情，他青年时曾远赴辽东驻军，意欲为国家立下汗马功劳。

时逢1861—1875年间，世界格局变化风起云涌，中国内忧外患不断。清政府在1860年与英法签订停战条约，1864年镇压了太平天国运动，使得其消除了内外两个致命威胁，舒缓了一口气。随后的一段时期，清朝表现出一种相当显著的复兴气象。1868年日本明治天皇建立新政府，日本政府进行近代化政治改革，开始明治维新运动，日本进而在短时间内一跃成为亚洲强国。从此之后，日本的野心逐渐膨胀，觊觎朝鲜，意欲以武力侵略朝鲜国土。朝鲜李氏王朝请求清朝政府援助，清朝政府以其宗主国身份屯兵辽东。

丁凤山因任旗牌官，身在辽东军队，曾多次辗转京师与辽东之间，传递公文。之后突逢部队遭洪水冲垮，丁凤山无法传送公文导致误期，卧病于北京。在四处求医之时，偶然遇见恩师李鉴臣。李鉴臣，生卒不详，河南洛阳人。相传，李氏曾受业于太医院，为"清宫御医"。精少林武术，尤精一指禅推拿。其主要在江苏一带行医，李氏到达扬州后，深为扬州之繁荣景象所吸引，便安居扬州，以一指禅推拿之技，为当地盐商富豪及老百姓治病。于北京求医时，李鉴臣以一指禅点穴治疗，为丁凤山治疗疾病，丁凤山病愈后遂拜其为师，得其真传。故后世一指禅推拿学术流派尊李鉴臣为江南一指禅学术流派的开山鼻祖。

丁凤山学成之后回到家乡，行医于扬州及江浙一带，以指代针遍治内外科疾病，因其疗效俱佳而名噪一时。除跌打损伤外，丁凤山还擅长用推拿治内妇杂病，其绝招是用缠法治疗外科痈疽、乳蛾、喉痹等咽喉部疾病，开创了推拿治疗此类疾病的先河。当时丁凤山之声名远扬，传遍江北。

1912年，丁凤山时年69岁，由门人钱福卿接往上海开业行医，医寓设在海宁路浙江路口。自此，丁凤山及其门人长期在沪、杭间行医。丁凤山在人文荟萃的上海滩打开门路，广收门徒，使得一指禅推拿得以流传。这一选择无疑是正确的，当时正值东西方文化交流碰撞之重要时刻，各路医家相继来到上海开诊行医，共同形成了独特的海派中医文化。在这片拥有肥沃养分的土地上，丁凤山将丁氏一指禅的种子埋下，等待时光让其传承发扬。

1916年丁凤山应浙江省督军杨善德之邀，为其妻治病而赴杭州出诊，不幸中风暴卒于旅馆，享年73岁。丁凤山在杭州仙逝后，王松山、钱福卿即率领众弟子及丁凤山之子丁兆槐共12人，奔丧杭州，事必躬亲，执弟子之孝礼，扶灵柩回上海，送殡入葬料理后事。

丁凤山著有《一指定禅》，为其口授，王子余（丁凤山再传弟子）整理。丁凤山一生及门弟子11名（图5），其中最著名的当属王松山、钱福卿和沈希圣。扬州丁继山总结整理丁氏手法特点，介绍丁氏传人手法特点及学术贡献。指出丁氏有“一指为推，二指为掐，三指为拿，四指为搓”之别。还有“轻推为补，重推为泻，顺推为补，逆推为泻”之诀。临床上常依据疾病之辨证及部位之特定性，分解衍变出若干特定复合手法，有如一剂良药之君、臣、佐、使配伍得当。丁开云也对丁氏手法做了研究，他师从丁鸿山（丁凤山第四代传人），总结“一指禅推拿”法治疗肩周炎的临床经验：采取一指禅正推法、点揉法等手法，循序渐进，不可暴力，指出丁氏手法重视经络，具有定穴准确、指力柔和、渗透力好等特点。

图5　丁凤山师徒合影

汪莲石

汇注伤寒，力撼沉疴

图6　汪莲石

汪莲石（1848—1925），字严昌，晚号天都弃叟，江西婺源晓起村人（图6）。汪莲石出身于书香门第，家中藏书甚丰，早年习儒，饱读儒经。深厚的传统文化根底，为他日后在中医学上的发展奠定了坚实的基础。20岁时一场大病使汪莲石萌生了学医的念头。那时他随父旅居江浙，在夏秋之交忽然得病，发热，二三日不退，请了三位当时的名医来诊治，有的说是因暑热所致，有的说是伏暑所致，还有的说是秋温所致，可是治疗了数日，服用了多种药物均无效，后来竟然不用药而自愈。不料第二年夏秋之际病情又像去年一样，延请的医生又说是暑热，所开的方药与之前大同小异，疗效也就可想而知。于是汪莲石决定不再服药，病情在一个月之后也好转起来。如此反复发作了三年，他的父亲告诉他，这是水土不服，不要在外面游学了。于是，汪莲石便留在家中开馆授徒。而真正让汪莲石奋起学医的却是他父亲的去世。汪莲石的父亲素体虚弱，患“脘腹痛呕吐”，每年发作一两次。1874年秋，病情来势汹汹，七日后不治而亡。汪莲石很是悲痛，深恨自己不懂医术，不能挽救父亲的性命，于是他立志学医，潜心医道。

他先是自学《脉诀》《汤头歌诀》《临证指南》《温病条辨》等书，发现以前旅居江浙患病时所服无效的方药，书中均有记载，因此他认为这些书中的汤方均不足为信。恰好汪莲石的一位堂叔以教书为生，但却深谙医术，汪莲石便向其请教学医之门径。堂叔告诉汪莲石，学习中医要从《素问》《灵枢》《伤寒论》《金匮要略》等经典著作入手。于是汪莲石便钻研这几本经典，学医的兴趣也大增，历经数年的苦读、实践，医术大进。此后汪莲石在浙江宁波一带充当幕宾、幕僚，在此期间结识了名医仲昂庭。仲昂庭对汪莲石善用经方、用药简洁稳妥的风格颇为赞赏，两人结为忘年之交。与仲昂庭先生的交往对汪莲石后期医学的精进有很大的影响。

汪莲石于《伤寒论》，用功最勤，因家中藏书甚丰，他通读《伤寒论》注释十余家后发现各有所长，各有所偏，各家学说莫衷一是，读者很难记忆掌握。1890 年前后，汪莲石结合自己学习《伤寒论》的心得，选择各家注释的精华汇成一书，便于后人查检。成书之后，因种种原因未能刊行。一年后，启笥检书，发觉书被白蚁蛀烂，让汪莲石悔恨不已。1894 年，汪莲石举家迁往上海，他再次追忆采释，编成《伤寒论汇注精华》一书。全书汇集了约 40 位医家对《伤寒论》的注释，汪莲石对各家的注释并不是兼收并蓄，而是采撷精华，并阐述自己的见解，实是为功甚伟。《伤寒论汇注精华》（图 7）一书共分六册，于 1920 年由扫叶山房校印出版，恽铁樵之族公毓龄作序，武进恽树珏（铁樵）、长沙张焘、汀州伊立勋分别题跋，该书记述了汪莲石的生平事迹并体现了其学术思想。

汪莲石学宗《伤寒论》，临证善用经方，用药偏于辛燥，因为德学俱佳，声誉隆盛。他虽然行医十余年，治愈病人无可计数，可是“皆为知己所敦聘，从未悬市招行道”，这说明他从不挂牌，也不轻易为人治病。由于汪莲石中年以后定居上海，所以其医学思想对海派中医，乃至江南医学的影响十分巨大。当时许多名医如恽铁樵、丁甘仁、程门雪等都曾求教于其门下。程门雪初入医门，以他聪慧颖悟的秉性，得到老师的青

图 7 《伤寒论汇注精华》

睐和心传，尤其对伤寒证治有深刻体验，从而形成了他行医初期用药迅猛剽悍、大刀阔斧的风格。汪莲石的再传弟子有黄文东、丁济万、张伯臾等，俱是中医界的泰山北斗。

1925 年，汪莲石病逝于上海，时年 78 岁。上海军、政、商、儒、医各界名流纷纷前往痛悼，安徽旅沪同乡会、徽宁旅沪同乡会、唐云、吴昌硕、齐白石、丁甘仁、汪汉溪、汪琨、蒋介石、张竹平、戈鹏云、恽铁樵、孙思敬、张丹斧等数百人为之撰文挽哀。其灵柩归葬于婺源晓起汪家祖山。

费绳甫

世代行医承家学，孟河医派传医道

费绳甫（1851—1914），名承祖（图8）。原籍江苏锴北，因战乱几经迁移，后定居孟河。费绳甫系一代名医费伯雄之孙，也是孟河另一名医马培之的外甥，自幼便承袭家世医业，恪遵祖训。费绳甫少侍祖父费伯雄录方，及长，同案诊病，因诊脉精细、辨证明确、用药纯粹不杂，颇得费伯雄赞赏。他自启蒙之后便一直好学不懈，遍读医经典籍，传说费绳甫在挑灯夜读时，常效仿孙敬，将头发系于悬梁榻柱之上，以克制疲倦瞌睡的念头。正是如古人这般头悬梁、锥刺股的毅力和精勤不倦反复研读的精神，使得他能够尽数掌握祖上所传，并逐渐加入自己的心得领悟。

图8　费绳甫

孟河费氏一门，到费绳甫已是十二代行医。九世传人费云庵与镇江名医王九峰先生为莫逆之交，时常相互交流切磋临证经验，以求在相互驳斥争论中获得裨益进步。费云庵作为医者，在治病救人的同时，常以济困扶危为己任，医术高超美德彰著，在乡里广为称颂。十世传人费伯雄公，以擅治疑难杂症而著名，经林则徐推荐，道光年间曾两度应召入宫治病。咸丰六年（1856），江南提督张国梁亲赴孟河，延请费伯雄去丹阳，为清军江南督帅向荣治咯血，费伯雄手到病除，向荣赠费伯雄“功同良相”匾额一块。自此，费伯雄名噪大江南北，远近求医、问学者络绎不绝。《清史稿》称：“清末江南诸医，以伯雄为最著。”

费绳甫青年时与祖父伯雄、父亲畹滋同时悬壶乡里，日复一日，声誉日隆。他在壮年时迁于上海，在沪上被推为“同道中之首”，程门雪先生赞誉他为“近代一大宗”。费绳甫治医“不失晋卿公医醇家学之意”，堪为费伯雄的衣钵传人，后亦成为孟河医派的中坚力量和发扬光大的代表之一。

孟河医派之名，首次见于丁甘仁次子丁仲英1927年在《喉痧症治概要》跋中说：“吾乡多医家，利济之功，亘大江南北，世称孟河医派。”其中最有代表性的是费、马、丁、巢四家。孟河医派医家、弟子源于孟河，又陆续向外发展，逐渐遍布江苏镇江、丹阳、常熟、无锡、苏州以及上海等地医界，其影响波及全国。孟河医派医家在杂病、外证方面的突破，使孟河医派之名遂扬，竟与擅长温病证治的叶派相媲美，正如陆膺一说：“叶天士之后，江浙间医家多以治温病名，独武进孟河名医辈出，并不专治温症，由是医家有孟河派、叶派之分。”

费绳甫生平见义勇为，有乃祖之风，曾独力恢复孟河育婴堂。费绳甫一生诊务繁忙，无暇著书论述，所遗唯有抄本《危大奇急四症治验》《妇科要略》《脉法原粹》。1912年出版刊印《费氏全集》于孟河耕心堂，著有《临证便览》和《费绳甫医话医案》等。晚年授业于其子费保初、费保纯、费保铨、婿徐相任及孟河丁松溪（丁甘仁之兄）等。

费绳甫以善治虚劳内伤危、大、奇、急诸证而闻名上海。其治疗虚证，以善于养胃阴著称，治虚劳主清润平稳，养胃阴则重气味甘淡。他认为无论何脏虚，凡有关胃者，必从胃治，胃气有权，脏虚皆可复。他曾说：“余治虚证，人视为万无生理者，胃阴虚即养胃阴，胃阴虚胃气亦虚，即养胃阴兼益胃气，无不应手取效，转危为安。生平治虚症，别有心得者在此。”

费绳甫学术上能兼取东垣、丹溪二家之长，尝谓东垣补阳，丹溪补阴，实是治病两大法则，不可偏废。于阴虚劳损者，宗丹溪阳常有余阴常不足之说，而力避苦寒，免更损阳；遇脾胃亏弱者，师东垣培补中宫之法而谨戒升燥，勿再伤阴。另外在诊断上，费公首贵切病，他提出了“明辨见证”“深究病源”“省察气候”“考核体质”等“四要”。并须注意“六勿”：勿好奇，勿执一，勿轻妄，勿畏缩，勿躁焦，勿延误。在治则上，强调明辨补泻寒温，他认为，病有宜补而以泻为补之道，有宜泻而以补为泻之道；对用药之道，则主张“轻病用轻药而轻不离题，重病用重药而重不偾事”。其用药原则为“心细曲折而非支蔓，胆大概括而非含糊”。其处方少则数剂，多则数十剂甚至上百剂不等，为后人留下了宝贵的经验。

文化的繁荣促进了医学的发展，在“不为良相，即为良医”思想指导下，费绳甫承其家学，且传其医道，在同业相互切磋之间阐发古典经籍之奥义，在海派中医史上添上了精彩的一笔。

李平书

海上闻人，敢为人先

图9　李平书

李平书（1854—1927），原名安曾，字平书，江苏苏州人，出生于宝山高桥镇一个中医世家（图9）。祖父李艿琳习医，不幸早逝。父亲李少琳，医术高明，以为人诊病养活十口之家，岳父赵少耕亦是名医。1873年，李平书考入龙门书院，后入仕途，曾在广东、武汉、上海为官。李平书年轻时对医学尚无兴趣，直到30岁时，由于祖母病死，感到内疚，开始钻研医学。

1888年，35岁的李平书游历新加坡，居住在友人总领事左子兴公馆50余日。两人朝夕相叙，除谈论时事外，谈的多为医学。左子兴说道："中国药物原料富于外洋，功用亦都神验，惟煎药有不适于用者三：一不适于旅行；二不适于医院；三不适于贫民。若炼为药水或磨为药粉，则不适免矣。"李平书深有同感。

李平书出任广东遂溪知县时，曾为吴县潘良孙的《不药良方》一书作序。李平书在外出途中，常以读医书为乐。到湖北张之洞处任职时，他常与吴洁卿等同僚"公暇谈诗文及医理"。初到武昌，大家不知他深谙医道，后来一名叫王雪澄的官员，其如夫人患脚气攻痛，经李平书诊治，服药有效，大家均感惊异。其在湖北3年，每日诊治3～5人，尤擅妇科，同僚眷属有病，都找其医治。当青浦名医陈莲舫到武昌时，李平书常向陈请教医术，以期精益求精。

1903年，李平书因“沪上持业皆有会，惟医独无”，遂与著名中医陈莲舫、朱紫衡一起于在浙江路西小花园7号成立了上海地区第一个学术团体——上海医学会，旨在“集同志讨论，然后著医学报，编医学教科书，设医学堂，开养病院，期臻美备”。1905年10月，因母丧停顿会务而医会解散。上海医学会为近代上海地区中医学术团体肇始，在团结中医界人士，开展中西学术交流，促进中医教育改革等方面发挥了表率作用。

1906年，李平书与名医陈莲舫为武进盛宣怀治病。后两人又受邀共赴广东为两广总督岑春煊治病，获良效，可见其医术相当高明。中国第一批女西医师张竹君是李平书的义女，1905年，在李平书的支持下，张竹君在上海开办“女子中西医学堂”，张竹君担任校长，并兼授西医课，李平书则教授中医课。这是上海地区最早的中西医学校教育模式，将中西课程兼容并蓄，这与李平书“尝涉猎西医译籍，屡思沟通中西医”的中医汇通思想有关，女子中西学堂的教育模式奠定了中西汇通教育基础。

1910年，李平书发起创立上海医院（图10，今上海市第二人民医院），“上午中医，下午西医，住院用西医”。在医院成立大会上，他发表演说：“中外通商以来，吾华人之财为洋人算去，若千亿兆京垓，岂非大害乎。独有西医出其医学，以治华人之病，数十年来受惠不少。盖中医日就晦塞，西医方日渐发明，此吾上海医院所以参用西医，且不免偏重西医也，故利用其利我者，亦当思抵制其害我者。否则，吾华人之生命保全矣，而钱财则日失。”这是由国人创办的最早的中西医综合性医院，不拘守旧法，兼用中西共诊，实行了“中西并行，即上午中医送诊，下午西医送诊兼赠药”的办院模式，开近代上海医院中西并治之先。

1922年，69岁的李平书创办沪南神州医院，任院长。感于煎药不

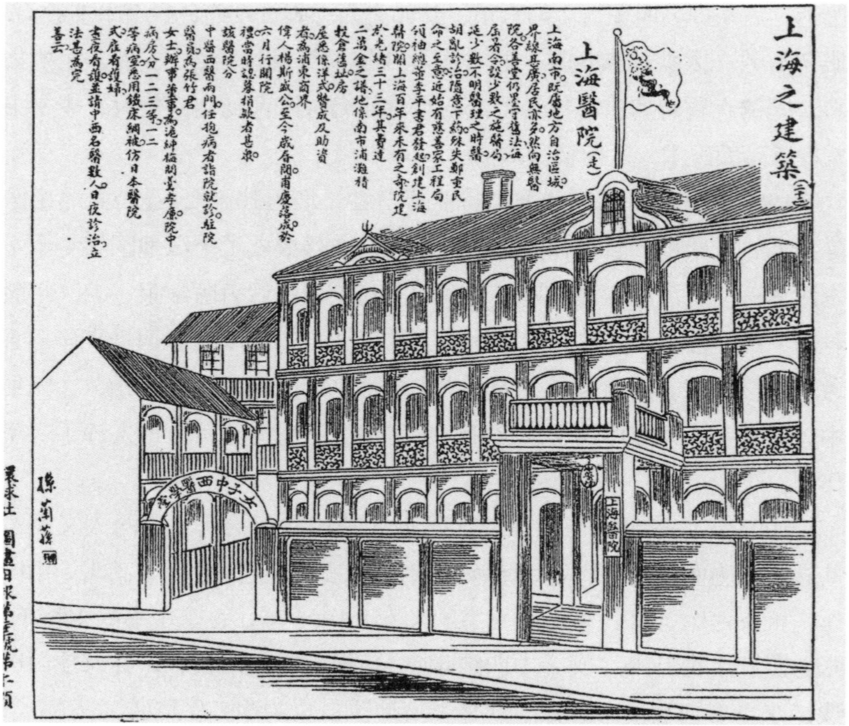

图 10　上海医院

便，又创立粹华制药公司，制成各药数百种，又制丸药300多种，“此为中国数千年未有之举，可以便救济而挽利权”，可称其为近代上海中药工业化生产的先驱。

1923年，李平书集资刻印清代名医王士雄所辑的《潜斋简效方》一册，他在序中指出：“古名臣大儒，往往喜录单方，以关生民疾苦，而世之医者，每谓卑鄙不足道，何识量之不广者。一病必有一药主治，洵非虚语，而单方之不可忽也。”

纵观李平书的一生，他不仅是一位爱国绅士，而且还是一位良医。在近代中医面临内忧外患的生死存亡关头，他以振新中医为己任，团结当时著名医家及热爱中医的社会名绅通过各种形式的抗争来争取中医生存权，并积极吸取西医学的先进科学理念，身体力行地对传统中医自身进行改进，堪称近代中医改革的开拓者。

张骧云

松风傲骨，布衣本色

图 11　张骧云

张骧云（1855—1925），又名世镳，字君相，又字景和，别号隐庵、冰壶，出身于上海中医名门张氏世家（图 11）。张氏内科是上海本土医派之一，起源于明代末期，繁衍传代，已有三百余年历史。张骧云的祖父张文澜、父亲张玉书皆为当时上海名医。13 岁时，父亲张玉书不慎误食河豚中毒去世，骧云则从兄长张晓云、张蔚云学医，兼学叔伯所长，尽得家传。

张骧云初在长兄晓云诊所助诊，1886 年迁至四马路（今福州路）富润里自设诊所开业，起初业务清淡，其间经慈善团体的陈竹萍介绍，兼任难民所、普育堂的医生，接触劳苦大众，使他深刻体会到贫病交迫的苦楚。1902 年迁至泥城桥平桥路（今北京西路 146 号）居住，并开设诊所为贫民服务。此后医名渐盛，求诊者摩肩接踵，络绎不绝，有“张家一帖药”之誉。

张骧云因中年患烂喉丹痧重症致听力减退，诊病时用自制的铁皮筒助听，故后来民间称他为“张聋甏”。因其擅治外感热病，远近闻名，沪上有“得了伤寒病，去找张聋甏”之说，可见其名声之隆。张骧云的诊所户外不挂行医招牌，也不登广告，但上海市民尽识其门，求医者终日门庭若市。病家崇信张氏医术，尤敬重其医德。张骧云为医之道是“医以救人，非以营业”“医无贫富，惟以实心求之”。他对待病人不论贫富贵贱，一视同仁，依次就诊，无有特殊。常免费为贫苦病人施诊给药。当时沪上名医的每次诊金一般为 1.2 元，张氏仅为几角钱。对贫苦病人他从不鄙视，一样悉心诊视，并常解囊相助。“待人和煦，蔼然可亲”。去其诊所看病，不论贫富贵贱，一视同仁，都得排号候诊，不设“拔号”“特诊”，即出双倍或四倍诊金提前看病。他说：“这是富者得而贫者失，我不为也。”对于那些用门板、藤椅抬来看病的重患者，常主动优先诊治；对贫苦病人持本热而付不起诊金药费者，则免费施诊给药。因此，张骧云在当时的沪上平民百姓中，有很高的医名。如此名医却绝无奢侈作风，在十里洋场旧上海，穿土布，不穿洋布，出门坐轿子，不坐人力车、汽车（其时沪上许多名医已有私家车）。

张骧云的高风亮节还表现在对达官贵人从不阿谀奉承，不为高官厚禄所诱。其时，光绪帝病重，苏州抚台陆元鼎曾称誉张氏为“江南第一名医”而极力举荐入朝，再三以重金相聘，但他却以母老体弱为由，固辞不就。宣统三年（1911），有某银行行长，势力显赫，行为污鄙，患重病请张氏出诊，他婉言谢之。该行长又签巨款相促，张氏返回其款，竟不往诊。富商盛宣怀因张氏治好其伤寒重症，也曾以重金聘其为华医学院院长，他亦固辞不就。由是沪商巨富、达官贵人虽有议论，但知他秉性耿直，反多敬服，如当时松江府大员钱宝传就对张氏说：“强项令（强横之官）自古有之，如兄之强项医，古未有而今乃见之。”张骧云秉性耿直，铁骨铮铮，1907 年犹太人哈同欲在涌泉浜（今上海展览馆处）兴建爱俪园，张氏五世祖茔正处园地之中，哈同自恃洋人势力，威胁利诱，强购墓地。张骧云不畏权势，严词拒绝，代表张氏家族与其抗争十余年，最终获胜，“张聋甏斗哈同”在沪上传为佳话。

张骧云主张“娴熟医理，必求诸书”“凭脉分经，用药能圆通活变，全赖于阅病使病情迁多，积累医理，两者决不能偏废”。他要求子侄辈必读的书包括《灵枢》《素问》《伤寒论》《金匮要略》《东垣十书》《本草纲目》《景岳全书》《外感温热论》《临证指南医案》等，以及各家医案。由于受家学的影响，张骧云于伤寒时症的治疗最为擅长。他精研伤寒原理，对望神、验舌、切脉、按诊、察斑、辨汗尤为重视。临床讲究审诊求因，辨证论治。实践中能融会各家学说，变革创新，形成了独特“张氏流派”。张骧云医技高超，遇到危重病人，善于采取果断措施则宜透达救人于垂危。他一生勤勤恳恳，乐于为劳动人民服务，在群众中有较高的声誉，在医界亦有相当的威望，著有文稿《君扬诊余随笔》。

张骧云不仅精通医学，而且工诗善画，在繁忙的诊务之余，尺幅临前，挥洒自如，山水花鸟，时能得其真趣。他由医及画，又能于画中悟出医理，达到了医与画契合的境界。他首次提出了医道也有气韵和意境的观点，他说：“诗文书画，兼及医道，咸以气韵为美，有气则神，有韵则和。皆妙在参悟天地之化机，而令三才合一，则意境油然生矣。”

张氏一门自第九代起，学医者甚众，名医辈出，其中又以张镜人为张氏医派当代传人的代表。

蔡小香

百年妇科家学立，悬壶济世五世医

图 12　蔡小香

蔡小香（1863—1913），名钟骏，号轶侯，为上海宝山蔡氏妇科第五世医（图 12）。

当谈及蔡小香，则不可不提及蔡氏妇科，而若谈及蔡氏一派的传人，则不可不提及蔡氏拥有百年历史的家学渊源。蔡氏女科肇始于清代乾隆年间，始祖蔡杏农，本是一介儒生，早年在文学上推崇安徽桐城派，专心于词赋诗韵。中年却偏爱医道，勤奋攻读，苦心孤诣。手抄医书百余本，反复批注，指迷补正。为乡里治病，每获良效，于是名声四扬。

及 1862 年蔡小香出世，蔡氏妇科已流传了四世。除了一世蔡杏农，以文人之心刻苦沉着地揣摩医术，为乡人治病而不求名利。二世蔡半耕亦绝意功名，他常年随父侍诊，经年累月的潜移默化，使他每遇疑难病症，便会反复推敲，细心琢磨，直至心领神会。对于历代名家的医著及民间验方，广为吸取，择其精华去其糟粕，使之为自己所用。无论时病伤寒、经带痘疡、内外妇儿均有建树，而其中尤擅妇科，实为蔡氏女科之奠基者。到三世蔡柄，蔡氏便完全以医道作为家业传承。蔡柄幼时聪慧，博览医书，又自嫌学识短浅，而外出寻师以求进取，当时沪上有世代家学渊源的名家，他都登门造访，虚心求教，博采众长。他认为："既为三世医，当图良医实名。"自此医道愈发渊博，医术日益长进，声誉日隆。对于妇科的四诊合参与辨证论治，以及经验用药，更具特色。传至四世蔡兆芝，他依旧继承父业，勤于医理，又多才艺。在诊务之暇，整理先辈验案验方，著书撰文。但遗憾的是，其书本文章均散佚于兵火战乱。

正是有这样悠久的家学渊源，蔡小香自幼重承庭训，在父祖的谆谆教导下得祖传流派要旨，与此同时，他勤读古训，克循医理，深研岐黄之术，在妇女的经、带、胎、产领域有精湛的医学造诣。在立法方药方面，蔡氏妇科总体上以调理为主，养血为先，适合妇女病理，同时，蔡小香又有个人的用药特色，因其各有宜忌，不轻用峻厉之品，每方用药不过十味，然治效特显，世有"蔡一帖，九加一"之称（图 13）。

至而立之年，蔡小香开始有志于振兴中国医学。光绪三十年（1904），美国发生排华事件，蔡小香联络医界人士声援受欺华工，发展国产药品。光绪三十二年（1906）与李平书等创立上海医务总会任总董，翌年接替周雪樵继任中国医学会会长。除此以外，他还出资创办《医学

图 13　蔡氏女科招牌

报》，内容中西兼收。也正是体现了他中西医汇通的治学思想，以及“吸收外来先进医学补我不足，纳西方之鸿宝，保东国之粹言，沟而通之，合而铸之”的主张。宣统二年（1910），蔡小香又与唐乃安创办《上海医学杂志》。在此前后，他还举办了中国医学会、上海医学讲习所、上海中医专科训练班、蔡氏学堂、兢业师范学堂等。

虽讲求中西汇通，但蔡氏还是拥有明确的中医学术思路，可归纳为九条，但以调补气血为首要，贯穿其诊疗的始终。他还著有《种橘山房医论》《妇科述要》《女科秘笺》《验方秘录》等方，但亦散佚于兵火战乱之中。

毋庸置疑，蔡氏女科在学术上能宗古而不泥古，博采众长，融会贯通。补土取法李东垣，滋明宗尚朱丹溪，调气首推汪石山，理血尤崇叶天士。讲究审证求因，贵乎精详；遣方用药，须知权变；当因时因地因人制宜。注重用药权衡，通补结合，尤其强调妇科需调补气血。用药深谙药性，重视归经配伍，忌用损气耗血峻厉之药，慎用碍脾妨胃滞湿之品。到了近代，蔡小香又主张辨病与辨证结合、分期与分型结合、中医病机病因与西医病理变化结合、药物传统效用与现代实验研究结合，验方今用，务求实效。

追溯蔡氏妇科的古往今来，结合五世医蔡小香的生平和思想，也就不难理解，为何百年家学可以流传至今了。

丁甘仁

一代宗师，教泽绵长

丁甘仁（1866—1926），名泽周，字甘仁，江苏武进人（图14）。武进地区位于长江下游，古有“三吴重镇、八邑名都”之说，孟河古镇处武进之西北，居长江之滨，历史悠久，交通便利，人文繁荣，名医辈出。丁甘仁自幼聪慧过人，勤奋好学，少年已能下笔成章，常受到老师的夸奖。从小体弱多病的丁甘仁，对中医情有独钟，为此他放弃考取仕途的机会，拜师乡里名医马仲清学医。三年后丁甘仁又相继师从费伯雄的门人丁松溪及“江南第一圣手”马培之学医。丁甘仁学习刻苦，勤学深研不问寒暑，积累甚丰，对马氏内外两科之长（包括喉科）能兼收并蓄，尽得其真传。学成之后，行医于孟河及苏州。

图14　丁甘仁

20岁出头的丁甘仁初到苏州时，可谓门庭冷落。仗义疏财的他，喜欢结交中医朋友，逐渐在苏州中医圈内有了名气。一次，县官要丁甘仁给儿子看病，不想，他儿子服了丁甘仁开的药后，病情非但没能好转，反而更加严重，危在旦夕。县官大怒，要捉拿丁甘仁。幸好衙门里有人通风报信，丁甘仁获悉后连夜逃往了上海。在上海，丁甘仁得到同乡医家巢崇山的帮助，并受其推荐成为新安学派在沪名医汪莲石的门生，遂通内、外、妇、喉诸科，兼收并蓄，医术大进。

丁甘仁起初在上海仁济善堂执业，后又于白克路（现凤阳路）人和里内设诊所行医。当时，上海地区爆发了“烂喉痧”疫情，这是一种传染疾病，发病急，病情变化快，病势汹汹。所有医院诊所人满为患，且多数治疗效果不佳，但丁氏诊所却连创奇迹，使很多患者转危为安。消息传开，求诊者比肩接踵，一时间门庭若市，车水马龙。同辈上海名医夏应堂说：“丁甘仁先生穷研至理，内外兼善，悬壶海上，户限为穿。”亦可见其诊疗工作之盛况。他上午门诊，下午出诊，常到晚上九、十点钟才能回家，但无论诊务多么劳累，到了晚上他仍秉烛夜读，著书立说，有《医经辑要》《药性辑要》《喉痧证治概要》《丁氏家传珍方》《丁甘仁医案》等著作刊行。

丁甘仁平素乐善好施，对病者不论贫富，一视同仁，尤其是劳苦大众前来求诊，常免收诊金，甚至赠送药物。他热心于公共福利事业，有时将自己所得诊金捐助学校、医院及慈善机关，如免费就医给药，以及施粥饭、施棉衣、办义学、兴养老院、育婴堂等。在乡里间，他也乐于为群众谋福利，平日捐款修桥铺路，从无吝色。丁先生被先后聘为广益善堂、仁济善堂、联义善会、位中堂、同仁辅元堂、至圣善院等慈善事业机构的名誉董事，赞助一切医务事宜。为此，孙中山先生就曾以大总统名义赠以“博施济众”金字匾额，悬于诊所大厅以资表彰（图 15）。

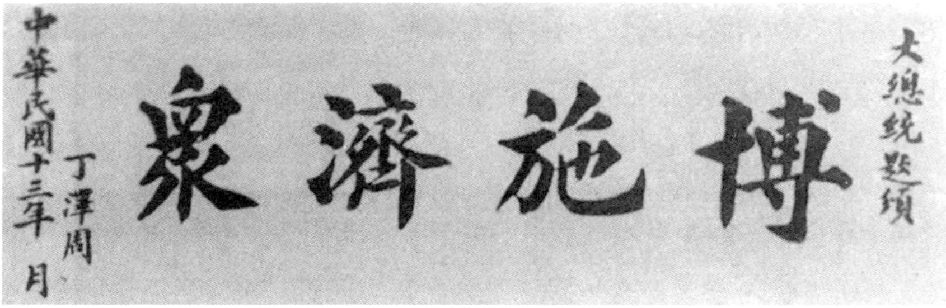

图 15 “博施济众”匾额

为共同团结协作，发展中医事业，丁甘仁先生与同仁们组织成立"江苏全省中医联合会"，被推选为副会长。后又发起成立"上海中医学会"，被推选为首任会长。他非常重视开展学会与联合会的活动，经常组织互相交流临床心得和经验，为了使更多中医从业者得到学习提高，还创办发行《国医杂志》等，从而加强了全国中医界的联系。

丁甘仁先生不仅是中医理论家、临床家，而且是近代中医教育的先驱者。1913 年，丁先生会同夏应堂、谢观等在全国医药联会上提议筹款集资兴办中医学校，经反复与当局请愿，成功立案。1917 年上海中医专门学校正式创办，成为我国第一家经由政府正式注册的中医学校。学校由丁甘仁担任总负责人，聘请谢观为校长。一大批医理精深、学问渊博、临床高超的中医名家负责管理和教学工作，并就课程体系、教材、教师及教学制度等方面的建设工作进行全面探索和实践。后又在沪南（石皮弄）、沪北（劳勃生路，现长寿路）设立两所广益中医院，南北两院均设有门诊及住院部，以备学生见习与实习之用（图 16）。上海中医专门学校后易名为上海中医学院，连续办学 30 届，历时 32 年，未曾间断。1925 年，丁甘仁又创办了"上海女子中医专门学校"，并担任校长，所聘教授均为当时医界名流、各科专家，如谢观、曹颖甫、汤潜、夏应堂、余听鸿等。两所学校的创办为我国近代中医教育作出了卓越贡献，学校硕果累累，桃李天下，如丁济万、程门雪、黄文东、秦伯未、章次公、严苍山、王一仁、许半龙、陈存仁、张伯臾、沈仲理、裘沛然、童少伯、徐嵩年、

图 16　上海中医学院南市石皮弄院舍外景

韩哲仙等。这些毕业生大都成为了解放前后上海乃至全国中医界的骨干，如上海中医学院（现上海中医药大学）首任院长程门雪、次任院长黄文东皆为丁氏首届学生。

1926年夏，丁甘仁因诊务繁忙、劳累过度，突然高烧不退。昏迷几天之后，病逝于白克路登贤里寓所，享年60岁。遵其遗愿，丁甘仁的灵柩被运回孟河，归葬于凤山新阡墓地。他的长子早故，长孙济万，次子仲英及孙济华、济民、济南，济万子景源，济华之子景孝、女和君，济民子一谔，皆继其志，承其业，各有建树。

曹颖甫

经方济世，寒梅流芳

图17　曹颖甫

曹颖甫（1866—1937），名家达，一字尹孚，号鹏南，晚署掘巢老人，江阴澄江人（图17）。生于江阴司马街名门望族，自小过继给伯父曹秉生为养子。曹秉生不仅熟读诗书，而且“深通中医，家人患疾，从不延医，自家处方服药，无不霍然病痊”。在他的熏陶下，曹颖甫从小就对岐黄之术产生了兴趣，少年时就喜读医书，12岁时读张隐庵的医著《伤寒论集注》，13岁时研习《伤寒论》。1895年，27岁的曹颖甫考取秀才，入学著名的南菁书院。在这所名校里，曹颖甫除致力于学问，研求经训外，还兼修诗、文、画，在这三个领域里都有不俗成就。而其为人笃厚淳谨，秉性耿直，同窗皆称呼他为“曹憨”，久而久之，则亦自称“曹憨”了。光绪二十八年（1902），曹颖甫35岁登贤书中举人，光绪三十年（1904）诏罢科举后，他即绝意仕途，与乡人钱性方、朱翔云、冯箴若等人讨论医学经旨，以“不为良相则为良医”，济世活人为心愿，致力于仲景之学。

1919年冬，曹颖甫51岁时来到上海南市行医。起初不甚知名，医务亦较清淡，应诊病人多是劳动群众，诊费收得很低，有时他不但免费反而施以医药。其处方，常常是一二帖，用药少而精，疗效则多为“覆杯而愈”“一剂知，二剂愈”。久而久之声名鹊起，有“曹一帖”之誉，“贫病者咸感赖之”。诊余也卖字画以资家用，为此书画家吴昌硕还专门为其写过一幅字“曹颖甫卖诗行医”。

不久之后，曹颖甫与孟河旅沪名医丁甘仁相识并成为好友。1920年，受丁甘仁之邀，在上海中医专门学校任教，不久又接替郑传笈出任教务长一职，前后长达数年。曹颖甫主讲《伤寒论》《金匮要略》和国文课。他育人别有情趣，上课时常携水烟袋和纸媒，边吸边走边讲，毫无师尊架子。弟子章次公、秦伯未、王一仁、沈石顽、严苍山、许半龙、程门雪、张赞臣、丁济华、姜佐景、王慎轩等，俱学识渊博，后来都成为中医名家。很多学生除了向他请教中医问题外，还讨教如何写作诗词文章，秦伯未在《金匮发微》再版序言中回忆道：“曹师拙巢以词章家兼通岐黄术担任讲席，为了我爱好文学，便跟曹师论医，余事学诗。毕业后还是和同学许半龙、严苍山、章次公兄等常到曹师寓所虚心地学习和反复问难。”

曹颖甫教学之余还在同仁辅元堂坐诊，每年端午至中秋节均有施医给药。他白天授课诊病，晚间专志著述。他在学术上尊仲景之学倡导经方，认为《伤寒》《金匮》是中医辨证论治的根本，强调经方是后世方剂的基础，指出学习中医应当从源寻流而不该舍本逐末。其医学代表作有《伤寒发微》《金匮发微》《经方实验录》《曹颖甫医案》等。其中，《伤寒发微》《金匮发微》是曹颖甫一生研究仲景学术的呕心沥血之作，继承而不沿袭旧说，创新而不谬逞新奇，切合临床，启迪后学。《经方实验录》则记载了92例病案，依经方为经，实验为纬，深入浅出，简明实用，案例翔实，读之如身临其境。此外，还有文学著作《古乐府评注》《气听斋诗集》《梅花诗集》《诸子精华录》等。

1937年日寇攻击上海，“八一三”事变后上海沦陷，曹颖甫离沪避乱返回故里。12月1日江阴城陷落，日寇烧杀淫掠、无恶不作。曹颖甫目睹日军暴行，无比愤慨，日军曾试图请他出任维持会长，立马遭到他的严词拒绝。12 月 7 日一群日寇追逐一妇女至曹宅，曹颖甫先生扶杖痛斥日寇暴行，惨遭日寇刀戳杀戮，两天后气绝身亡，时年 70 岁（图 18）。曹颖甫罹难之后，江阴陶社成员为他举行了追悼活动，后来，还搜辑他的遗文，编入《陶社丛编》甲集，其史迹载入江阴忠义祠。曹颖甫善画梅，以梅言志，他笔下的梅花清雅孤傲，暗香浮动，恰似他的风骨高洁，正气凛然。

图 18　江阴曹颖甫故居

夏应堂

精勤不倦，不拘绳墨

图19 夏应堂

20世纪上半叶，上海中医界有“北丁南夏”，即沪北丁甘仁、沪南夏应堂的说法。大名鼎鼎的夏氏内科，便是由夏应堂开宗立派的。

夏应堂（1871—1936），出生于上海南市老城区的西木桥椿萱里（图19）。夏氏祖籍江苏江都，父亲为商人，出身于扬州邗江的名门望族。咸丰十年（1860），即太平天国时期，为躲避战乱，便举家迁徙至上海定居。在夏应堂的幼年时期，曾因家中贫穷，无力购买灯油，他便只能一个人坐在街灯下默默诵读，背诵诗书，孜孜不倦，不觉疲惫，无论风雨寒暑，从没有一日停歇。夏应堂起初与普通寒门学子一样攻读大量经史子集，为日后走向仕途做准备。然而，有一天他忽然领悟到“医可以救人”，便弃文学医，拜入江苏名医许菊泉门下学习中医。

在20岁时，夏应堂离开师门，自立门户，悬壶于沪上。只是万事开头难，新打出的招牌总不免门庭冷落。然而他毫不气馁，也不曾心生退意，对每一个病人都用心诊治，使人如沐春风。特别是在对待穷苦病人时，夏应堂不仅不收诊金，还主动给他们免了药费。许多病人经其诊治用药后，效果明显，于是便口口相传，夏应堂很快便在上海滩声名鹊起。

夏应堂靠着精湛的医术逐渐在海派中医的圈子里闯出了名头，打开了属于自己的一片天。随着时间的推移，临床经验的积累再加上大量医书古籍的阅读，中年时期的夏应堂医道更盛，诊务繁忙，诊室门庭往来络绎不绝，往往一日的门诊量就有二三百号人，有时下午和晚上还要出诊。在看诊之余，若遇到难题，夏应堂也常向张聿青等名医请教，毫不自恃身份，愿持弟子之礼虚心请教，最终受益匪浅。在夏应堂之子夏理彬撰写的《夏应堂氏临床经验介绍》中，反复提到其父精勤不倦的学习态度。“成一时名医，诚得力于勤也”“开业后诊务虽忙，犹手不释卷”“勤学苦研，至晚年不懈”。就是因为有这样一种在医道上好学不倦，孜孜钻研的态度，再加上与先辈同道之间的互相交流，取长补短，才使得夏应堂能够在医道上融汇古今，有卓越非凡的成就。

19 世纪 20 世纪初，正是烽火连天的岁月，灾荒、疫病随着硝烟一并蔓延江南，夏应堂正是以其妙手仁心救百姓于水火之中。

此外，夏应堂对社会公益事业和中医发展也十分重视。1911 年他与余伯陶等人共同组织中华医药联合会，任副会长并主编《中华医药报》。1913 年联合殷受田等人筹建中国红十字上海分会和红十字会护城分会医院。1916 年与丁甘仁等共同发起创办上海中医专门学校以及上海女子中医专门学校，先后任协理、副校长等职务。为海派中医培养了一批又一批的人才。夏应堂参建善堂，创办医学会和学校，筹办红十字会上海分会等行为，获得了上海医学界和上海市民的共同尊重。

在学术思想上，夏应堂学宗《内经》《难经》等经典医书，推崇张仲景之伤寒学说，同时又对清代叶、薛、王诸家温病学说颇具心得并有所发展。宗经典而不拘泥，崇古方而不废今。夏应堂处方用药以轻灵见长，“轻灵”是精简扼要，平稳无疵，看似寻常却恰到好处。夏应堂在诊病时十分注重审证求因，辨证需准。他曾说：“用药难，识病更难。”不能仅从单方面去辨证，否则容易发生错误，必须深入细致地寻找病根，如此才能探骊得珠，做到胸有成竹，病无遁形。同时又要看到疾病和病人的方方面面，病情症状有别，每个人的体质又有不同，拿一张方子去看一种病往往是不行的，需临证加减方得最佳。在开方用药时要纯，力求击中要害。深入地了解病情，全面考虑方药运用，不拖泥带水，做到精准扼要，寥寥几笔，便勾画出胸中沟壑。对于温热病的治疗，夏应堂多从于叶、薛二人，但临床别有心得，并不拘泥于诸家绳墨。他在辨高热证候顺逆、耳聋与目糊轻重不同、下血的注意点和治疗方法、桑菊银翘豆豉用法等方面，均有自己独到的见解。

遗憾的是，在夏应堂从医的45年中，临证经历数不胜数，其医术之精湛亦响彻上海滩。只是先生仍认为自己“学无所长，不可轻易著述”，即便是临床医案亦很少保存。且其子提到，先生的一手苏体龙飞蛇舞，字字着落，笔笔劲遒，但存世亦少，着实可惜。

陈筱宝

博采众长，女科圣手

陈筱宝（1872—1937），字丽生，浙江海盐人（图20）。出生于中医世家，其父陈耀宗原是咸丰时期的御医，致仕还乡后，太平军兴，遂率家徙居上海，住南市三牌楼72号，仍操旧业。陈筱宝15岁时随父学医，先学中药药性，再学《汤头歌诀》《四言脉诀》，其后是历代经典及名家医案学说。两年后，陈父因患白内障致盲，不能给人看病，就一心传授陈筱宝。1891年前后，家境逐渐拮据，陈筱宝不得不顶替父亲接待患者给人治病。1896年陈父去世后，陈筱宝拜在浦东洋泾塘桥善堂的妇科名医诸香泉先生门下学医，数年后尽得其传。年甫弱冠的陈筱宝受老师、义父诸香泉老先生的推荐，受聘于浦东塘桥善堂为广大群众诊病，积累了丰富的实践经验，医术得到很大的提高。

图20 陈筱宝

30岁时，陈筱宝意外地得到宋代陈素庵《妇科医要》传世半部手抄残本。他潜心研读，医道大进，由一个全科医生转向了从事妇科的专科医生，从此术业有专攻，以妇科闻名于时，与疡科名医顾筱岩、伤科名医石筱山并称“沪上三筱”。

陈筱宝对妇科疾病的诊治经验积累颇多，他擅长望诊，对病史询问尤为重视。他一再指出：“治病易，识病难，识病易，明理难。”通过望其形，视其神，听其言，闻其气，结合问切从而辨其证，识其病，明其理，然后才能用药对症，药到病除。他还认为，妇人有经、带、胎、产之特点，病情复杂，应结合妇女少年、中年及老年各期之生理及病理特点临证施治，各有主攻。施治中，他主张以保护元气、滋养营血、疏通肝木为准则，对中年妇人尤以治肝为先；处方用药则力求平和，反对峻药快攻，强调通瘀宜和化，行气宜疏达，清不用苦寒，温不用香燥。根据经验效方，制有调经之八制香附丸、崩漏之黑蒲黄散、闭经之香草汤、补益之回天大补膏、不孕之求嗣方等。曾以香草汤治愈何应钦三姨太闭经之症而名声大噪，被誉为“女科圣手”。

陈筱宝以“普救众生”为行医宗旨，收入丰厚，家境富有，但自奉俭约，对病家不论贫富，一视同仁。他以仁术济世，贫病不收诊金，友好不受请封，出诊不分远近，甚而去黄浦江中小舢板上为贫苦船家看病，深得病家称颂。他曾叮嘱接诊挂号处，凡属穿着号衣的人力车夫带家属来看病，一律不收诊金。每次出诊，见到生活艰难的病家，便把已收的出诊金退回，甚至解囊送药。当年社会同业更有传说：陈公曾命人刻制了一颗送药的印章，凡处方上盖有这一印戳的，病家可到指定药铺免费取药，药金全由陈公支付。

陈筱宝接触的患者都是妇女，但他端庄稳重，深得病家信任。他雅好古今医籍，广事搜罗，尽管白天诊务繁忙，晚上他总是一个人在书房聚精会神地批阅医书，常至深夜，或是记录读书偶得，或是整理临床医案。积累数十年中，写成《陈氏妇科医事散记》四卷，约二十余万字。可惜后来部分毁于日寇战火，仅留残卷与其后人，甚为可惜。

抗日战争开始南市沦陷，三牌楼大宅被炸遭毁，陈筱宝在法租界购买了巨籁达路（今巨鹿路）691号花园洋房住房兼作诊所，就医者仍然可以用门庭若市来形容。可是，陈筱宝在此居住不久就遭遇外省土匪绑票，幸逃离脱险，因饱受惊吓，便一病不起，于1937年春去世。

陈筱宝专治妇科数十年，继承了前人有关妇科诊治的理论和经验，并有所发展，逐渐形成独立流派，即后世所称之“陈氏妇科”。其子陈盘根、陈大年、长孙陈惠林继其业，亦以妇科鸣世（图 21）。经过几代人的努力，如今陈氏妇科已是桃李满天下。

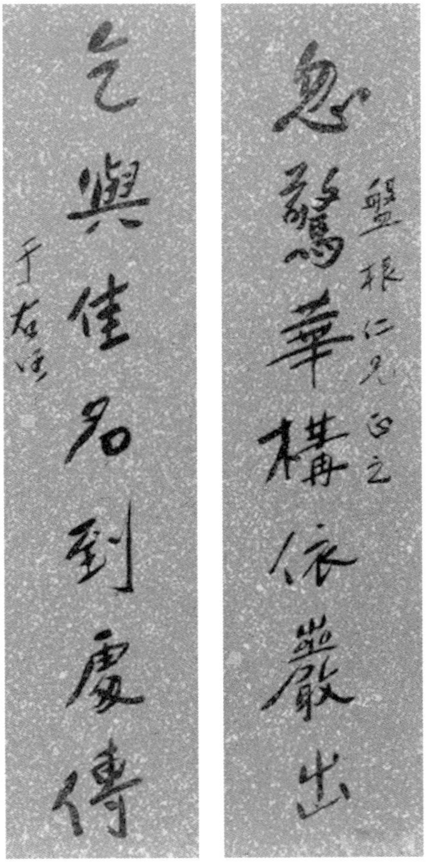

图 21　于右任赠陈筱宝之子陈盘根七言对联

朱南山

尚德尚医，薪火相传

图 22　朱南山

朱南山（1872—1938），名松庆，又名永康，字南山，以字行，江苏南通四甲坝合兴镇人（今属海门）（图 22）。少时家贫，但聪慧而喜读书，尤其喜好读医书。拜南通儒医沈锡麟为师，宗张子和学派，并推崇张景岳“无虚急在邪气，去之不速留则生变”。学成后回乡行医，善用汗、吐、下法，常用大方峻剂，挽救危疾，以治时疫重症成名于乡里。

1916 年，朱南山先生送长女出嫁而旅居上海。初到上海开诊，问津者寥寥，正巧有人介绍了一位患臌胀病的危重病人，经他精心治疗后转危为安。很快，朱氏声名鹊起，不断有人登门求治，朱南山便在闸北开封路同兴里开设诊所。当时，周围一带为苏北人聚集地，居住的以贫民为多，而且来看病的多是久病或重病之类的疑难杂症。朱南山先生不仅没有嫌弃这些居民，而且不收诊费，还常常代付药钱。不久，因其辨证确切、用药得当，往往一帖见效，人称“朱一帖”而誉满上海滩。他的诊所门庭若市，两个儿子朱鹤鸣、朱鹤皋及徒弟数人在旁相帮应诊。

随着朱氏父子医疗诊务日渐繁忙，为适应病员需要，1933 年朱南山在上海北京西路、长沙路口建一诊所，题名“南山小筑”。父子三人联合在“小筑”应诊，每日就诊者常可至二三百人。朱南山也被誉为上海十大名医之一，以擅长妇科而著称。他曾仿照古代名医张景岳“十字歌”之意，制定“妇科十问口诀”：“一问年月二问经，及笄详察婚与亲；三审寒热汗与便，四探胸腹要分明；头痛腰酸多带下，味嗅辨色更须清；五重孕育胎产门，崩漏注意肿瘤症；六淫七情括三因，八纲九候祖先问；本病杂症弄清楚，十全证治方得准。”以此教诲后人，奠定了朱氏妇科的基石。

朱南山除医学方面的功绩外，还致力于社团、学校、金融、实业等各个领域。1929 年初，杜月笙与金廷荪等人发起组织中汇银行，朱南山也是发起人之一。在 20 世纪 20～30 年代，他历任上海市国医公会常务委员、神州医学会监察委员会委员、扬州面粉公司董事长、聚丰轮船公司董事等职。其中聚丰轮船公司船舶专线行驶于上海至南通、海门间，以便利上海往来苏北的交通，为百姓津津乐道。

1930 年初，朱南山先生发起并组织上海市国医公会，联合神州医药总会、中国医学会、上海医会等三派耆老和其他中医界同道，发扬祖国医学，培养中医人才。1932 年初，上海市国医公会接办中国医学院，朱南山捐款 8 000 银元，作为办学和建苗药圃费用。该校学生最多时有 400 余人，还开设了中医进修班及夜校等。1934 年，朱南山先生患高血压中风，朱鹤鸣（改名小南）、朱鹤皋兄弟俩承担繁忙的医疗门诊以及教学工作。次年，朱南山创办新中国医学院，地点设在上海北京西路王家沙花园路（图 23）。朱南山先生德高望重，亲自担任新中国医学院院长，兄弟俩任副院长。新中国医学院设立中、西医教学四年制，学生来自全国及东南亚各地，其中有三分之一为港、澳、台、新加坡、马来西亚、缅甸等地的闽粤侨胞子女。两年后又增设附属医院和研究院，医院聘请了许多中、西医师，实行中西医结合门诊和会诊制度，是全国范围内较早中西结合的医院之一。两校先后毕业的学生达 1 000 余人，为近代中医教育史写下了辉煌的一笔。

由于诊务繁忙，外加社会事务千头万绪，朱南山渐感体力亏耗，终

图 23　新中国医学院校门

于 1938 年 12 月 20 日病逝。父亲逝世后，长子朱小南继任新中国医学院院长，并兼中医妇科教授。当时学校经济拮据，小南先生每年从私人积蓄中拿出两万块银元补贴学校开支，资助贫困学生。王玉润、饶师泉、钱伯文、何任、朱良春等中医名家均毕业于该校。朱小南还建立了学术团体“鸣社”，定期聚会，旨在研讨学术和昌明医学，具有一定的影响。其女朱南孙承其衣钵，为第三届国医大师，首批全国名老中医，上海中医药大学附属岳阳医院教授，上海中医药大学终身教授，被誉为朱氏“三代一传人”。朱氏三代，名医辈出，枝繁叶茂，饮誉全国，称道海外。

余伯陶

捍卫中医，矢志不渝

图 24　余伯陶

余伯陶（1872—1944），字德埙，号素盦，槎溪人（今属上海市嘉定区南翔镇）（图 24）。余伯陶出生在一个诗礼之家，自幼受到良好的教育和熏陶，能诗善词。光绪十三年（1887）年轻的余伯陶前往苏州，拜御医曹沧州为师，学习中医。学成归乡后，在嘉定善德堂坐诊。之后，至宝山县吴淞镇行医。

光绪十七年（1891）余伯陶迁居上海，于九江路挂牌开业。他精通医理，学识渊博，尤擅内科，对热病、调理等颇有造诣，名盛一时。由于医术高超，慕名前来的病人络绎不绝。就诊者除了普通百姓外，还有许多当时各界的名人，如著名诗人陈诗、沈瘦东，国学大师陈寅恪之父陈三立等。尤其值得一提的是，民国初年，孙中山先生曾慕名请其诊视。鉴于疗效显著，孙先生亲赐奖章予以赞赏。余伯陶在悬壶济世之余，还注重著书立说。代表著作有鼠疫专著《鼠疫抉微》四卷，温病著作《疫证集说》四卷、附补遗一卷，以及《救急便览》等书。

作为一代名医大家，余伯陶目睹西医东渐，中医渐趋衰落，以传承与振兴中医为己任。光绪二十八年（1902），余伯陶与李平书、陈莲舫等人发起组织了“上海医会”。光绪三十二年（1906），与陈莲舫等在小花园（今浙江中路一带）创立我国近代最早的中医学术团体——上海医务总会，任总会会董。辛亥革命爆发后，他本着支持革命、爱我中华的宗旨，发起组建上海“医界助饷团”，直至共和成立。1913年，余伯陶与包识生创办神州医药总会，任会长，并与包氏共同主编《神州医药学报》（图25），撰写《素盦医话》。同年北洋政府以中西医“致难兼采”为由，在新颁布的学制及各类学校条例中，只提倡医学专门学校（西医）而没有涉及中医，则完全把中医药排斥在医学教育系统之外。这就是近代史上著名的“教育系统漏列中医案”。翌年时任上海“神州医药总会”会长的余伯陶愤然通告全国，联合全国19个省市中医界和同仁堂、西鹤年堂等药业人士发起组织了“医药救亡请愿团”，推举恽薇荪、叶晋叔为请愿代表。在离沪赴京请愿欢送会上，余伯陶致词勉励代表们说：“这次赴京请愿，是我国医药界数千年来从未有过的创举，对今后医药前途关系极大。希望代表们，以坚定的毅力、百折不挠的精神，去达到保存中医中药的目的。”代表抵达北平后向北洋政府递交了《神州医药总会请愿书》，力请保存中医中药，并将中医纳入学系。迫于舆论的压力，北洋政府基本同意了全国医药救亡请愿团要求。1918年余伯陶又在上海大神父路（今瑞金二路）创办神州医药专门学校，任校长。后又在大庆里（今南京东路上）行医，曾任浙江青田县县长数月。1923年应同乡顾吉生等创办的慈善机构——嘉定树德会聘请，出任该会医生，施诊给药，造福乡里。

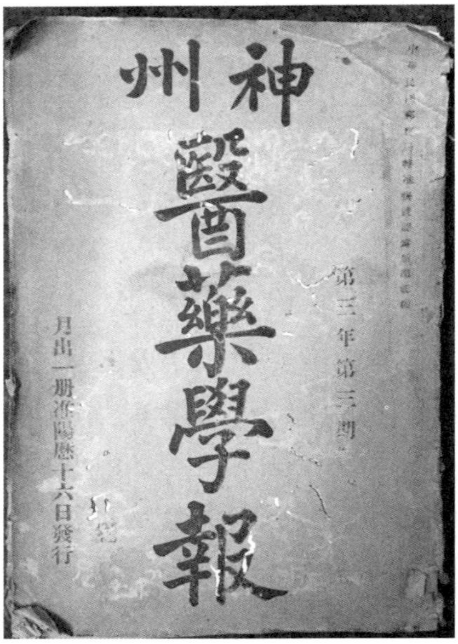

图25 《神州医药学报》

余伯陶除了在医学领域成就非凡，还爱好填词和藏砚。他为自己的书斋起名为“词砚斋”，所填之词颇有南宋词家之风。余伯陶尤其喜欢储砚，光端砚、歙砚就有几百方。1936 年，他礼聘当时砚刻大家陈端友住在家中为其治砚，历时八年，共刻竹节砚、螺蛳砚、蚕砚、海天旭日砚等 21 方，均属传世珍品，现藏于上海博物馆。余伯陶 1944 年 2 月病逝于上海，终年 72 岁。其门人弟子有徐孟君、郑健初、黄仲甫、支正权、吴祖尧等。

张山雷

医林巨擘，博古融今

图 26　张山雷

张山雷（1873—1934），原名寿祥，后改名寿颐，字资生，一字山雷，以字山雷行世（图 26）。祖籍江苏嘉定县石冈镇（今上海市嘉定区马陆镇），后迁居嘉定城内张马弄。张山雷天资聪颖，自幼好学，5 岁发蒙读书，6 岁入家塾，11 岁时四书五经已约略成诵。1890 年，19 岁的他就考中了诸生（俗称“秀才”），在嘉定士人圈中颇有名气。张山雷 22 岁时，母亲患上风痹的顽症，半身不遂，久治不愈，此事深深刺激了年轻的张山雷，深感医药治病救人的重要。张山雷是个孝子，为救治母亲，他开始与中医界人士交往，并购置医书，自学医术，逐渐对博大精深的中医产生了兴趣。数年后，张山雷双亲先后离世，家道中落，他再也无心参加乡试，正式弃儒从医。

张山雷的古文基础扎实，对中医经典和历代医家著作朝夕钻研，尤其对前辈名医王孟英的著作用力甚深，获益良多。他曾跟随当地老中医俞德琈、侯春林及吴门黄醴泉诸先生学习内科，后又拜师方泰黄墙名医朱阆仙。黄墙朱氏系中医世家，业医五代，精通各科，对外科尤为擅长。朱阆仙视张山雷为得意门生，将生平经验和家传秘方，一一传授指点，张山雷学识日益精湛。

1905 年，张山雷开始在城中张马弄家中挂牌行医，悬壶济世。由于他医术高明，对病人认真负责，不久就在嘉定名噪一时，看病就医者络绎不绝。1910 年，张山雷移居上海，在沪西开设诊所，治愈了不少病人的疑难杂症，以精湛的医术享誉沪上，加入了上海神州医学会，并完成其代表作《中风斠诠》一书的初稿。

清末民初，国门洞开，西学东渐。西方医学也随之蜂拥而至，中医面临严峻的挑战。为了传承中医事业，培养中医人才，1914 年，朱阆仙在黄墙创办“朱氏私立中国医药学校”，并邀张山雷出任教务主任。朱氏私立中国医药学校是中国最早的中医学校之一，开中医办学之先河。张山雷受命起草了《黄墙朱氏私立中医药学校宣言书》，宣告了办学缘起：“医本活人之术，仁人之心，与其传至一家，何如公之一世，藉以推广家学……视东西各国，设立学堂，栽培后进，必由普通知识，循序以入专门，迨至毕业。”张山雷还负责拟订教学计划，编纂课堂讲义。由于朱阆仙、张山雷学养精深、执教有方，来自四方就学者达七八十名，黄墙中医学校声誉卓著。在此期间，张山雷还在谢观、包识生、丁甘仁等人创办上海神州中医学校执教，他所著的《中风斠诠》一书已正式付印，并作为该校的讲义之一（图 27）。他穿梭于上海市区、嘉定之间，倾其全力培育中医后人，在中医教育界名震一时。1920 年，由于业师朱阆仙逝世，黄墙中医学校停办，张山雷乃返沪复行医。1924 年，由神州医学会推荐，张山雷应浙江兰溪中医专门学校之聘，来到三江之汇、山清水秀的兰溪，任该校教务主任。之后，他在兰

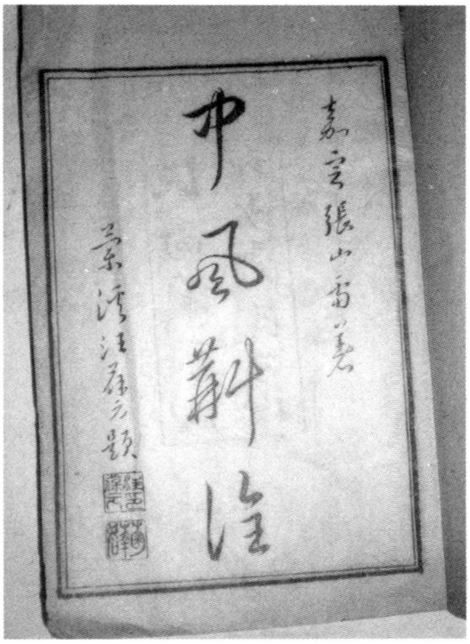

图 27 《中风斠诠》

溪中医专门学校长达15年之久，探索出一套比较成熟的中医教学方法，归纳起来大致有以下几个特点：理论教学，主中兼西，狠抓基础，由浅入深；校设门诊，重视实践；举办学术园地，开展校内争鸣；创立函授，新辟培养途径。在实践中规范了中医课堂教育，其作用不可估量。他的中医教育思想、中医教育成就在中医教育发展史上不可磨灭。

张山雷以毕生精力研究医学，其著述始于方泰黄墙，终于浙江兰溪，共计25种66册，主要有《重订医事蒙求》《全体新论疏证》《中风斠诠》《经脉俞穴新考证》《本草正义》《难经汇注笺正》《脉学正义》《沈氏女科辑要笺正》《钱氏小儿药证直诀笺正》《张洁古脏腑药式补正》《古今医案评议》《疡科纲要》《病理学读本》等，堪称洋洋大观。他治学严谨，对自己的著作精益求精，《医学蒙求》第三次重订时，他已沉疴在身，依然一丝不苟。在他病危时，曾撰写一副自挽联：

一技半生，精诚所结，神鬼可通，果然奇悟别开，尽助前贤，补苴罅漏；

孤灯廿载，意气徒豪，心肝呕尽，以此虚灵未眠，惟冀后起，完续残编。

挽联表达了他壮志未酬身先死的遗憾，也表达了他希望早日完成全部著作的心愿。1934年6月19日，因胃病复发，张山雷病逝于兰溪，享年62岁。

张山雷作为杰出的中医学家和教育家，在近代中医史上享有崇高的地位，被誉为“医林巨擘”。他博古融今，中西合参，对内、外、妇科、中风、本草、外疡等均有独特的阐发，当时医家将他誉为全国名医“二张”（南有张山雷，北有张锡纯）之一。

蒋维乔

静坐养生辟蹊径，著作传行海内外

蒋维乔（1873—1958），字竹庄，号因是子，江苏武进人（图28）。出身贫寒，但聪颖好学，读书过目成诵。早年肄业于江阴南菁书院，后书院改高等学堂，又进学堂习新学近两年。1902年，蒋维乔来到上海，加入了蔡元培等人组织的“中国教育会”，并参加革命演说活动。次年任爱国学社义务教员，为《苏报》翻译日本新闻。“苏报案”后，受蔡元培委托，接办爱国女校，担任校长。后进入上海商务印书馆编译所，主持编辑小学教科书。辛亥革命后，蔡元培出任教育总长，首先拜访蒋维乔，请他出任教育部秘书长。蒋维乔在短时间内协助蔡元培，制定教育法令和教育部官制，草拟大、中、小学学制，后来随蔡北上，任教育部参事。次年，汪大燮出任熊希龄内阁的教育总长，蒋、汪二人意见不合，蒋维乔辞职南归，重回上海商务印书馆，主持编辑中学及师范学校教科书等。

图28　蒋维乔

在编书之余，蒋维乔写了二部风靡一时的养生著作《因是子静坐法》和《废止朝食论》。所谓“静坐法”，起源于道家的导引术，但蒋氏的静

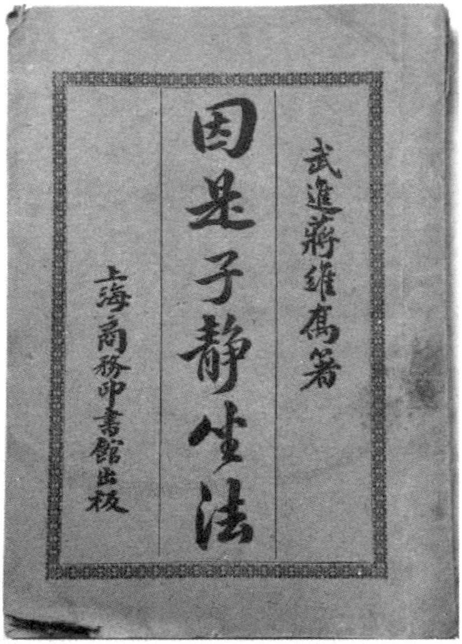

图 29 《因是子静坐法》

坐，与佛学也有血缘关系。蒋维乔自幼多病，后来他一面研究老庄学说，一面身体力行，又依据佛教的童蒙止观法，采用天台宗止观，练习静坐法，数十年不间断，不仅医好了“咳嗽咯血，百药罔效”的肺疾，身体还日益强健，以致登山临水，遍游海内诸名胜。蒋维乔决心要用科学的道理来说明“静坐法”对养生的作用，便写成了《因是子静坐法》一书（图 29）。该书“一扫向者怪异之谈，而以心理的、生理的说明之”，出版后影响极大，再版二十余次，畅销全国乃至东南亚与欧美诸国。著名诗人和文学家郭沫若患肺结核，就练该静坐法而获愈。毛泽东也曾化名“二十八画生”写文章评论静坐法。而《废止朝食论》，顾名思义，就是要废止早餐，每日仅进二餐，避免饮食过量而对人反而有害，这种观点在当时也产生了一定的影响。蒋维乔中年后练止观法，老年又练密宗功夫，编成《因是子静坐法续编》。解放后，蒋维乔应上海市卫生局之邀，主持气功训练班，还担任了气功疗养所顾问、上海气功研究所所长等职。20 世纪 50 年代中期，他根据藏密功法，结合自身体会，编写《因是子静坐卫生实验谈——中国医疗预防法》《中国的呼吸习静养生法——气功防治法》等。

蒋维乔除了在养生气功领域颇有建树以外，他还致力于教育改革和佛学、哲学研究。1917 年蒋维乔与黄炎培等 6 人组成教育考察团，前往日本、菲律宾考察，历时两月。回国后在京、津、沪、宁四地演说考察结果，并汇编为《考察日本菲律宾教育纪实》一书出版。他认真总结旧教育体制的经验、教训，研究国外先进的教育思想和教育方法，积极参与教育实践活动。1949 年前曾任江苏省教育厅厅长、东南大学校长、光华大学教授、诚明文学院院长等职，解放后曾担任江苏省人民政府委员、上海文史馆副馆长等职。蒋维乔在佛学、哲学方面的著述甚丰，主要有《中国佛教史》《佛学纲要》《中国近三百年哲学史》《宋明理学纲要》等。其中《中国佛教史》是中国近代第一部比较完整系统的中国佛教通史著作，对民国后中国佛教研究产生了极大影响。蒋维乔还每天写日记，持之以恒，从不间断。近年来《蒋维乔日记》已正式影印出版，对研究这位近代著名的教育家、哲学家、佛学家、养生家以及晚清至 20 世纪 50 年代末中国社会的政治、文化、教育等提供了大量珍贵史料。

丁福保

吸古纳今百科大家，精研学术著作等身

图 30 丁福保

丁福保（1874—1952），字仲祜，别号畴隐居士，又号济阳破衲，江苏无锡人（图 30）。幼承家学，私淑吴稚晖，肄业于江阴南菁书院。1896 年中秀才后，设帐教书，自学文史数学，曾任无锡俟实学堂算学教习，其后再进苏州东吴大学深造，随之又入上海东文学堂学习日语及医学。1900 年前后，因勤奋过度，积劳成疾，乃潜心医学，师从博通中西之沪上名医赵元益（静涵）。

1908 年春，丁福保迁居上海，在自新医院任监院，开始为人治病。1909 年应试于南京两江总督端方举办的医科考试，获得优等内科医士证书，并被派赴日本考察。在日本，他考察了帝国医科大学及附属医院、青山医院、千叶医学校等，参观了解剖室、X 光室、内、外科室、镜检室。期间，他购回大量西洋医学书籍，回国后陆续编译成书。

在医学领域，丁福保求变求新，敢作敢为，不拘一格。他秉承先师赵元益力促中西医文化交流之余绪，积极倡导中西医汇通，较

早提出用近代科学方法研究中医。1910 年，他在上海组织发起成立“中西医学研究会”，以研究中西医药学、振兴医学为宗旨，并出版《中西医学报》。他在报上大力提倡引进西医，介绍解剖学，生理学等西医知识。后来，他又创办《国药新声》刊物（图 31）。1912 年，他创设“医学书局”，编印、出版中西医书籍。据史料载，成帙的中医药书籍有《新内经》《新难经》《新本草》《新伤寒论》《家庭新本草》《金匮》等。他潜心研究中西医理论，著有《中药浅说》《新本草纲目》《中西医学汇通》《中外医通》等。此外，他在日文医书的译介方面成就卓著，编译出版了门类、数量众多的日本医学书籍。尤其是对于当时严重危害中国人健康的肺结核病（肺痨），他给予极大的关注，翻译了日人竹中成宽的《肺痨病预防法》（1908），又撰写了《肺痨病一夕谈》（1911）和《肺病最经济之疗养法》（1940），普及防治知识。1913 年，他在上海创办丁氏医院，并以医学书局的名义编译、出版近 80 种集国内外与中西医于一体的医学书籍，合称《丁氏医学丛书》，该书具有很高的临床价值。值得一提的是，其中的《历代医学书目提要》收录 1 400 多种历代中医学书籍，包括《素问》《灵枢》《难经》《本草》《伤寒》《金匮》《脉经》、五脏、明堂针灸、疾病、妇科、儿科、杂病、方书、医案、医话等 22 类，积极传承弘扬中医药学。他还与人合编《四部总录医药编》，兼收中外医学书籍。他配制的“半夏消痰丸”“精制补血丸”曾在南洋劝业会上获奖。

图 31 《国药新声》

丁福保颇重医德，他曾说：“教人先从医药入手，尽我心力，以救贫人之病，不可生厌弃心、怠慢心、吝啬心，宜生爱怜心、恭敬心、博施心。”在上海行医期间，应诊者络绎不绝，他的诊费标准因“人”而异。对于穷苦人家，诊费一律优惠打折；凡达官贵族，诊费分文不减。为此，他专门雇佣一名童子在诊所外面观视，作为判断患者身份的初步依据。凡是步行而来者，诊费仅收取一枚铜圆；如果患者说明家境困苦，医药费全部予以免除；凡坐人力车而来者，诊费收取四个铜元；凡乘汽车而来的达官贵人，则按照诊例每次收费一元。对于应诊之患者，他必亲自敬茶，诊毕送出大门。

除医学外，丁福保还致力于文字学、佛学、古钱学等研究，编有《说文解字诂林》正续编、《佛学大辞典》《古钱大辞典》以及《尔雅诂林》《群雅诂林》《方言诂林》《释名诂林》等。58岁后，他专心著述，刊印书籍，在医学、文字学、佛学、古钱收藏研究、数学等方面做了大量研究工作，编撰出版了数量惊人的著作，以其渊博的学识，精深的造诣，赢得世人的赞誉，被称为“百科全书式”的学者。

恽铁樵

躬身岐黄，汇通中西

恽铁樵（1878—1935），名树珏，别号冷风、焦木、黄山，江苏武进人，1878年出生于福建（图32）。他5岁丧父，11岁丧母，与异母兄长回到祖籍江苏省武进县孟河镇，由叔父抚养长大。恽铁樵少年时曾就读于族中私塾，16岁中秀才，20岁读完科举经典。受乡风熏陶，此时已涉猎《医学三字经》《素问》及《温病条辨》等医学著作。

图32　恽铁樵

1903年他考入上海南洋公学，攻读英语，以最佳成绩毕业，成为近代中医界精通旧学，又系统接受新学制教育的第一人。毕业后，恽铁樵先赴湖南长沙任教，后回上海浦东中学执鞭。教学之余，翻译过几篇英国中短篇小说，如《豆寇葩》《黑衣娘》《波痕夷因》《奇怪之旅行》等，又创作了短篇小说《造象毁象》，均在包天笑主编的《小说时报》上发表，博得一致好评。1911年因受张元济的赏识，入商务印书局任编译，1912年起主编《小说月报》直至新文化运动起。他既当编辑，又创作和翻译小说，在民国初期的文坛上，恽铁樵有“大说家”之誉。这一时期，他还慧眼识才，培养一批文学人才。鲁迅先生的第一篇小说《怀旧》就是发表在《小说月报》上，恽铁樵将其放在卷首突出位置并在小说篇末加按语大加赞赏。

1916—1917年，恽铁樵的三个儿子相继患伤寒不治而病逝，中年丧子，使他决定弃文从医，发奋研读《内经》《伤寒论》等中医经典，并问业于著名伤寒名家汪莲石，同时还与当时沪上名医丁甘仁等切磋医道。1920年他辞去商务印书馆职务，专事医业，当时已42岁。恽铁樵擅长儿科，自行开业后，声誉日增。他治学和临证崇尚实际，主张治医必须通晓《伤寒论》，临证善用经方，常用中西医医理剖析病情，处方用药有其独到之处，同时提倡中西医化合以产生新中医。他是中医药学改革的积极倡导者，是我国近代中西医汇通学派的代表人物之一。他主张《内经》不能废除，改进中医，应以中医本身学说为主，反对将"中医同化于西医"；倡议用现代科学方法研究中医，"取西医学理补助中医"，反对中西医"漫然杂糅"。他强调"中医不改良，亦终无自存之希望"，并提出"改进中医"的具体建议。

20世纪的20年代，中医药受到前所未有的压力和冲击，当时余云岫著《灵素商兑》，认为中医不科学，主张"废医存药"，并提出《废止旧医以扫除医事卫生之障碍案》，得到当时政府的支持。恽铁樵通过亲身医疗实践，深切地认识到"中国医学为极有用之学术""与西国医学比较，委实互有短长"，因而挺身而出，提笔与之论战。1922年著《群经见智录》，直接驳斥余氏的论调（图33）。受其影响，陆渊雷、吴汉仙、陆士

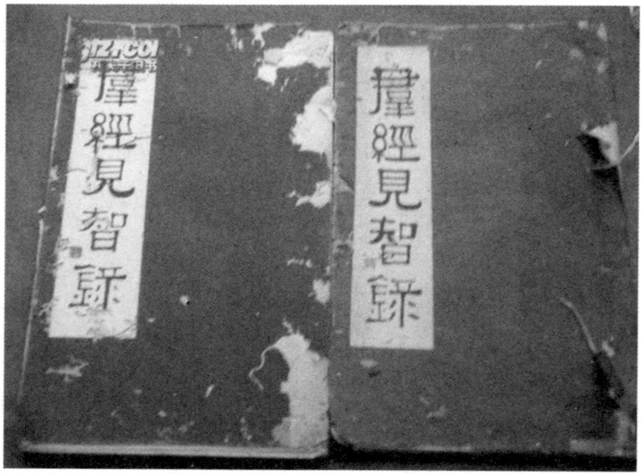

图33 《群经见智录》

谔、杨则民等亦纷纷著书立说，回应余云岫的挑战。在这场中西医学的论争当中，恽铁樵起到了至关重要的作用。

恽铁樵对近代中医发展的另一大功绩就是创办中医学校，培养人才。1925 年，中医界想将中医学纳入学校体制，却被西医界抵制未能成功。恽铁樵不畏险阻，披荆斩棘，于同年创办“铁樵中医函授学校”，发表了长达 4 000 余字的《创办函授学校宣言》，称中医必将走向世界。很多人深受鼓舞，第一年入学者就有 600 多人，生源遍布全国各地。后来国民政府出台了废止中医法案，学校不得不停办，恽铁樵四处奔走呼吁，联合众多同行共同施压，国民政府被迫收回了法案。1933 年，恽铁樵复办中医学校。此后他白昼诊病，晚上讲课，午夜握管著述，终年累月，积劳成疾，乃至瘫痪在床。即使在这种情况下，他仍然坚持口授著书，不曾懈怠。终因病情每况愈下，1935 年 7 月在上海辞世，年仅 58 岁。

恽铁樵的门人弟子众多，其中陆渊雷、章巨膺、徐衡之、顾雨时、何公度、庄时俊等较为著名。其子道周、女慧庄，亦均习医，承其衣钵。

陆士谔

稗史风人，医经济世

图 34　陆士谔

陆士谔（1879—1944），名守先，字云翔，号士谔，别号云间龙、沁梅子等，江苏青浦珠溪镇（现属上海市青浦区朱家角镇）人（图 34）。陆士谔出生于书香世家、名门望族，但到其祖父稼夫公的时候，陆氏家产几尽毁于兵燹，家道开始中落。为了挑起养家糊口的担子，陆士谔 9 岁时便师从珠溪名医唐纯斋研习岐黄之术，14 岁到上海当学徒，孤身闯荡上海滩，先后在青浦、松江、上海县壶行医。

陆士谔虽自幼学医，但起初只是遵从父命，泛泛而学。然而陆士谔成婚之后第三、第四、第六胎均夭折，妻子又因产后风离世，其父也不幸逝世，这些接二连三的打击促使他发奋立志，潜心学医。起初陆士谔在四马路（今福州路）昼锦里（山西南路）处的上海书局内行医，生意清淡，门可罗雀。某日，一广东富商途经此处，见陆士谔正在为病人诊脉开方，便上前攀谈，发觉他深谙医理、见解独到，于是请陆士谔出诊为其病危之妻诊治。其妻身患痼疾，在虹口一名医处就诊，多年未愈。又经多方诊治仍无望回春，病人骨瘦如柴、气若游丝。陆士谔诊断过后，认为该病非下一帖猛药不可。此药如果对症，便可立起沉疴；如果误投，则有性命之虞。他顾不得许多，大胆拟了一个药方。回到诊所，心中仍忐忑不安，他将所得诊金，邀请馆中诸友到附近饭馆大吃一顿，发发利市。正饮谈之间，跑堂的来喊：“日间请诊的那个富商又来了。”陆士谔大吃一惊，表面上故作镇静，问道：“来人神色怎样？”跑堂的说：“很正常。”他才安了心，那富商说，其妻服药后，泻了好多污血，安然熟睡后，醒来便要吃东西了。陆士谔关照让病人多吃粥，翌日病人吃粥后血也止了。后来经过半个月的中药调理，病人竟至痊愈。富商自是感激不尽，欲以重金酬谢，陆士谔则请他广为宣传。于是富商在《申报》刊登广告，鸣谢一月。从此以后，陆士谔声名鹊起，后来与顾筱岩、石筱山、恽铁樵等成为民国期间蜚声沪上的“上海十大名医”。

陆士谔白天应诊，晚上著述，著有各类医著40余种。他把自己的临床经验与医学知识编写成《士谔医话》《国医新话》《医学南针》等医著传给后辈。他对王孟英、薛生白、叶天士等名医的医案进行了抢救性的整理，加上评注，编辑成《薛生白医案》《叶天士医案》《叶天士秘方》《王孟英医案》《增注徐洄溪古方新解》等。同时他还与其子陆清洁合编医书，如《万病验方大全》《医学顾问大全》等。这些医著之中，《医学南针》一书为其代表之作（图35）。全书以白话文书写，分为初集与续集，包括脏腑南针、切脉南针、望色南针、闻声南针、问诊南针、病机南针、论药南针、释方南针、运气南针和读法南针等十编。其中亦多间见临床阅历之所得，条理清晰，图文并茂。而对编纂此书的缘由，陆士谔也在序言中写道：“士谔不敏，从师五载，临证十年，无一日不治

图35 《医学南针》

病，无一日不读书。于古人书，每不肯轻易忽略，于常中求其交，于变中求其常。知其所当然，必更求其所以然，潜心默索，彻夜穷研，玩索有得，恍若神悟。每与吾师讨论，往往默契，而临证犹不敢自夸无失，则甚矣医学之难也。读书难，读医书尤难。读医书而得真诠，则难之尤难。"该书因编排精炼，切合实用，取得了较大的影响，1920年由上海世界书局出版之后销量很广，在当时就再版达七次之多。

除了医学著作之外，陆士谔还勤于各类型小说的创作，1906年便以笔名"沁梅子"发表了第一部小说《精禽填海记》。他一生共创作小说百余部，内容涵盖武侠、言情、世情等多方面，是当时上海滩颇有名气的小说家。在其数量可观的小说作品之中，《新中国》最为世人所知。该书创作于陆士谔32岁时，又名《立宪四十年后之中国》，是一部以第一人称为视角，立足现实的幻想之作，既表示了作者对当时黑暗社会现状的不满与失望之情，同时又站在理性乐观的角度展望未来，从一定程度上折射出作者的思想境界，思想内涵值得后人注意与研究。《云间珠溪陆氏谱牒》称陆士谔："精于医，负文名。"可见其医文并重，时人有"稗史风人，医经济世"之誉。

谢　观

江南才秀，医界耆宿

图 36　谢观

谢观（1880—1950），字利恒，晚号澄斋老人，江苏武进人（图 36）。出生于耕读世家，祖父谢润为孟河名医，父亲谢钟英为地理学大家。少年时代的谢观继承家学，聪颖好学，12 岁已读完四书五经，对中国古今山川情况了如指掌，如数家珍，并熟诵《内经》《难经》《伤寒杂病论》及本草经方。15 岁出外求学，入读常州致用精舍（原名龙城书院），致力于史学舆地。21 岁时，因父亲病逝肄业于苏州东吴大学。

1905 年，谢观应邀赴广州中学教授地理，成为名噪华南的地理名师，被多所名校争相延聘。1908 年辞归上海，入商务印书馆任编辑。当时该馆正在编纂《辞源》，谢观负责医学、地理部分。不久，谢观又被上海澄衷学堂聘为校长，因管理有方，锐志革新而颇具威望。该校也因之而振兴，成为全国名校，培养出不少近代名人，如胡适、竺可桢、包玉刚等。辛亥革命后，谢观被故乡武进县请回，主政教育。因其政绩突出，袁世凯曾欲委任谢观为江苏省教育厅厅长，谢氏不喜仕途，婉辞未就。1914

图 37 《中国医学大辞典》

年谢观重返商务印书馆，仍主持地理、医学图书的编辑工作，并着手编写《中国医学大辞典》(图 37)。该书历经八年编纂而成，是中国第一部辞典类大型医学工具书。成书后直至近几年，被再版重印三十余次，可见其学术价值之大。

1917 年，谢观应丁甘仁之邀，担任上海中医专门学校首任校长。上海中医专门学校是近代上海第一所正规的中医高等学府，也是中国最早的正规中医学校之一。谢观对该校的建设倾注了极大的热忱，对课程设置、教材编写和师资管理等各方面皆花费了大量心血，为上海中医专门学校以后的发展打下了坚实的基础。在任职上海中医专门学校校长期间，除主掌校务以外，谢观还亲授修身课与温病课，门人学生忆及谢师，无不对其景仰追怀。学生何时希于晚年回忆道：“我毕业于母校已六十年，教师之印象最深者，为谢利恒先生。其时年约花甲，当讲课时，操其朗朗清润之常州口语，字字入耳，妙在时拈清髯，春风如面，丰颐广额，予人以亲切感。”1925 年，上海成立神州医学总会并创办神州中医大学，校址在上海闸北通庵西路，聘请谢观为校长，旨在培养精深的高等医学人才，后因时局不稳而中断办学。

为团结中医界人士，1929 年谢观等发起成立上海中医协会，领导了反对国民政府中央卫生委员会通过“废止中医案”的抗争活动，并参与组织“全国医药团体联合会”。谢观被推选为主席及常务委员，两度作为请愿团代表或首席代表，亲赴南京请愿，使“提案”得以取消。1930 年，国民政府成立中央国医馆，谢观被委任为常务理事兼学术整理委员会委员。1933 年，上海市国医分馆成立，谢观被推为常务董事，1935 年中央国医馆改选，谢氏再度连任。

1936 年，年近花甲的谢观辞谢公务后退居“澄斋”，一边潜心学术，教授课徒，一边行医救人。临证善治内、外、妇、儿诸科，于喉痧、疹痘及温热杂病尤为擅长。1937 年，陈存仁和秦伯未发起的“经社”文酒之会，常邀尊师谢观参加。师生共同研讨学术，吟诗赏画，直至 1948 年“经社”终止。1950 年，谢观病逝于上海派克路梅福里寓所。当谢观离世的消息传来，弟子们个个如丧考妣：追随谢利恒三十余年，与师情同父子的张赞臣“伤心洒尽思亲泪，哭到师门倍黯然”；盛心如“一朝庭前惊赋鹤，故旧门生泪盈掬……我为天下苍生哭”；远在香港的陈存仁，惊闻恩师去世噩耗，“悲抑数日，不知何以自处”。

谢观一生勤勉，著作等身。除《中国医学大辞典》外，1935 年刊印的《中国医学源流论》亦是其医学思想的代表作，该书对中国医学的分期、变迁、医书、医方、学派、医学各科、疗法、疾病，以及有关中西医汇通等都作了专题论述，对于历代各家学说均有较严谨的考证和客观的评价，不失为一部近代医史佳作。其他医学著作还有《中国医话》《中国药话》《澄斋医案》《澄斋验方》《谢利恒先生全书》《谢利恒家用良方》《气功养生要诀》等，另外尚编有地理方面图书 30 余种。谢氏弟子众多，秦伯未、程门雪、严苍山、章次公、虞舜臣、余听鸿、张赞臣、陈存仁等，皆为近代名医。

谢观先生无疑是近代中医界举足轻重不可或缺的领军人物，在中医命脉悬于一发之际，他为中医的生存与振兴作出了卓越的贡献。同时他又是一代名医，一代鸿儒，是现代中医教育的先行者、开创者，是众多杏林学子的良师益友，他以博学的知识功底，出色的社会才干，引领了近代中医新潮流，开创了中医事业的一片新天地。

王仲奇

新安故里多名医，悬壶海上慰众生

图 38　王仲奇

王仲奇（1881—1945），讳金杰，晚年自号懒翁，诞生于徽州歙县北乡富堨村（图 38）。曾祖王履中先生为新安王氏医学创始人，后传至其父王养涵先生。王仲奇先生 15 岁时即从父学医，22 岁时因父亲去世便正式悬壶乡里，以擅治外感病证和蛊胀等而声名远播，为“新安王氏医学”第四代代表性传人。

王仲奇先生医术精湛，诊务十分繁忙，不仅在当时徽州的各县，远及沪、杭以及武汉等大城市都常有病人慕名前来就诊或请其出诊。王仲奇夜以继日的诊务严重的超负荷，每天都要坐诊十多个小时，以致“到门就诊，昼则纷扰不堪；奔命专征，夜则驰驱不已”。当时富堨只是一个仅有二千余人的小村镇，为了应对王仲奇先生的配方业务，竟同时开办了八家中药铺，足见王仲奇先生诊务之兴隆。

1923 年秋季，王仲奇举家移居上海，时年 42 岁，正值其临床业务水平的鼎盛之时。迁沪以后，他不挂牌、不登报而隐姓埋名，但不久后还是以擅治内伤杂病而驰誉沪上，慕名求医者络绎不绝。他常与名医丁甘仁先生一同会诊，交流经验，被上海医界同仁并称为“丁王”二氏，亦有人将其与名医陆仲安先生并论。当年北京的名医施今墨先生南下上海，闻其名后便乔装改扮前往就诊试探，见后佩服王仲奇善用经方，妙手回春。由于求诊病人太多，往往是接踵而至，他不得不采取了限号的办法，不仅是上海市及周边的病人，就连英、美、法、日等国的一些驻沪领事馆官员也前来找他看病，还应邀赴港澳等地出诊。一位日本医药界人士就诊后盛赞王仲奇医术，甚至产生了拜师学习的想法。上海中医学院首任院长程门雪曾治疗一位久泻的病人多次未愈，病人携带程门雪方笺，就诊于王仲奇。王仲奇诊察后在原处方上批语“此方可服，再加蛇含石四钱”。这张久服不效的方子，仅加上一味药，只服数剂，病人多年宿疾居然痊愈了。此后，程门雪深慕王仲奇医术精通，多次要拜他为师，遭婉拒后深以为憾。王仲奇行医四十余个春秋，诊治了病人近百万人次，饮誉海内外。20 世纪 30 年代出版的《海上名人传》载其名，其不仅成为近代新安医学巨擘，而且是寓居上海的一代名医（图 39）。

王仲奇治医治学，遵循早用功、广涉猎、勤实践、贵有恒等原则，熟谙中医典籍，博采众长，融会贯通。他远宗仲景，旁及东垣、好古、

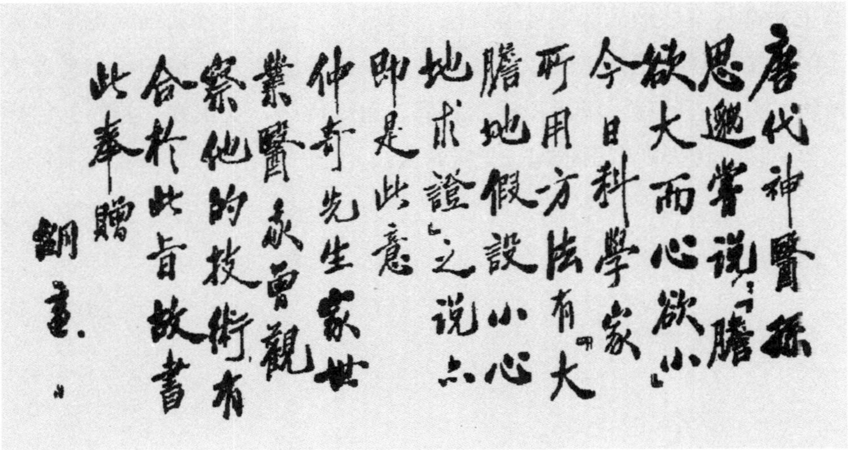

图 39　胡适对主仲奇的评价

天士诸家，推崇孙一奎、程杏轩、徐灵胎、朱丹溪的学术思想，对于同乡先辈吴谦尤为服膺，曾以《医宗金鉴》一书为治医者根应之学。他认为："治病之道，贵在明阴洞阳，用药宜酌盈济虚，补偏救弊，辨证立方，通变化裁不为前人所囿。"他注意选择有针对性的药物，灵活运用经方与时方，或以单方参入复方，辨证用之，每获良效。在治学上，王仲奇先生一生严谨，既幼承庭训，又广征博采，理论联系实际，通理古今，学贯中西，处方多以轻灵见长而自成一家。临证首重望诊，尤对初诊病人除察貌观色外，且悉心倾听病人的主诉，详尽向病人解释病因，从不单以切脉述病，故炫其技，充分体现了王仲奇先生的高尚医德。曾有病人赠诗云："入门先减三分病，接坐平添一段春。"

1929年余云岫提出的"废止中医案"，王仲奇听闻后拍案而起，予以批驳。他还支持和捐赠抗日救亡的爱国运动，对贫困百姓病人给予免费赠药治疗，而当日伪势力进驻上海租界，他立即宣告停诊，称病不出，自号"懒翁"以示抗争，并拒绝有着"温州之虎"之称的伪军长的邀请及恐吓。

王仲奇先生毕生诊务繁忙，自己无暇著作，却为丁甘仁先生出版《丁甘仁医案》写序，给陈存仁主编的《中国药学大辞典》作跋。而其本人的医案及学术思想则由王氏后人、学生整理成《王仲奇医案》传世。此外，《中医古籍珍稀抄本精选》《近代江南四家医案医话选》中也收录有王仲奇医案。他的医案处方守法，笔墨精良，深得著名画家黄宾虹先生的称赞。现在王仲奇先生当年的处方手迹等已作为珍贵的藏品被各大博物馆及个人收藏。继承王氏衣钵者，有子樾亭，女蕙娱、燕娱，侄任之等；现代传人则有王乐匋、王键等人。

王子平

武医名家有奇术，临床治伤效堪神

图 40　王子平

王子平（1881—1973），字永安，回族，河北沧州人（图 40）。近代武术名家，伤科名医。出身武术世家，历访名师，得真传，精查拳、太极拳。1919 年打败了在北京中山公园设擂的俄国力士康泰尔，后在陆军部马子贞部下任武术教练，与佟忠义并称“沧州二杰”，曾被誉为“千斤大力王”。于济南击败日本柔道家宫本后避居上海，以治伤正骨为业。曾任南京中央国术馆副馆长，并在精武体育会、中华武术会等处教拳。新中国成立后任全国政协委员、全国武术协会副主席、上海市人大代表、政协委员、上海中医学院伤科研究室主任、上海市伤科学会副主任委员等职。

武医相通，在王子平身上得到了最好的验证，他博采众长，兼收并蓄，全面继承了武术伤科学流派的技术特点。其自成一格的中医伤科正骨医术融擒拿、点穴与正骨理筋等特点于一炉，并提倡手法与练功的有机结合。在药物治疗方面既强调辨证施治，又重视单方验方的作用。

王子平提倡手法与练功相结合，也就是按跻与导引相结合。他认为，手法结合练功，能收事半功倍之效，既能巩固、扩大手法疗效，长期坚持还能预防复发；而手法解除了急性的症状，缓解了疼痛以后，又能为练功打下基础。他在临床时还强调药物治疗与练功方法相结合，对年老体弱多病者，应用练功疗法作为防治手段之一。王氏提倡推拿按摩与正骨相结合，他继承和保持了我国正骨八法的传统，就是摸、接、端、提、按、摩、推、拿，将手法分为治骨与理筋。他认为一切应从病人利益出发，将手法分为三个阶段，前期准备阶段，多用轻度按摩、深度按摩、揉擦和击打等手法；第二阶段为正骨矫正，应用手法解决主要病变；第三阶段用推拿按摩手法整理收功。

王子平伤科的一大特点是推崇练功疗法。他继承了古代的“五禽戏”“八段锦”“易筋经”“少林内功”等保健操的方法，并在此基础上加以整理提高，同时吸收了太极拳、气功疗法的优点，创编了一套以“祛病延年二十势”为主的练功疗法，在临床上应用于防治中老年颈肩腰腿痛等慢性病。由于练功疗法具有“吐纳与导引相结合”“静功与动功相结合，以动为主”“运动与自我按摩相结合”“局部与整体相结合”“内外相结合”等优点，所以能促使慢性病较快地痊愈。

王子平继承了前人的经验，收集了不少验方，在临床工作中不断实践、验证，丰富了内容，提高了疗效。他强调伤科医生要像其他十三科大小方脉的医生一样要重视辨证施治。必须运用“四诊”“八纲”，又应密切结合损伤的特点，如望诊时着重形态和局部畸形，切诊时除重视脉诊外又强调摸法。提出要“望而知之”要“以手摸之，自悉其情”。他结合几十年临床经验，参照汗、吐、下、和、温、清、补、消的八法，根据八纲辨证的精神，结合损伤的新旧久暂、气血虚实、轻重缓急、阴阳表里而制定了伤科内治八法。他主张不仅在处方时要辨证施治，即使在剂型方面对内服的丸、散、膏、丹、药酒均应辨别症情而分别采用之。在外用药物方面也很重视辨证施治。他自己还身体力行直接参加熬制膏药等实际工作，掌握了丰富的制药经验。

王子平继承了武术伤科流派的专长，又通过自己几十年的临床实践，使王氏伤科在我国中医伤科学术界独树一帜。他著有《却病延年

图 41 《却病延年二十势》

图 42 《拳术二十法》

二十势》与《拳术二十法》等书（图 41、图 42），受到医务和体育界的重视，有中、英、日等版本在国内外流传出版，为增进人们的健康做出了贡献。

祝味菊

博极医源，学贯中西

图 43　祝味菊

祝味菊（1884—1951），名积德，字味菊，别号傲霜轩主（图 43）。出生于成都小关庙街。祝氏家族祖籍浙江山阴，清代时，祝味菊的祖父祝紫园到四川为官，祝味菊的父亲祝子吉在四川华阳县做官，在视察水灾时不幸落水而亡。祝味菊因早年丧父，便跟随姑丈严雁峰生活。严雁峰是清末川陕知名学者，家境富足，学识深邃，不但经营盐业，而且是当时著名的藏书家。他的家中建有藏书楼“贲园”，内藏经史子集各种书籍 5 万余卷，其中尤以地方志和中医秘籍为两大特色。

祝味菊在《伤寒质难》中叙述了关于起初学医的一段追忆：“及冠，从姑丈严公雁峰襄理盐务于成都。有余暇，始学医。好问阙疑，事无巨细，必研求其所以然。”在祝味菊 20 岁时，利用帮姑丈料理盐务的闲暇之余，开始学医。在严雁峰的帮助下，祝味菊通过苦读大量中医原著，完成了他学习中医的第一个阶段。严雁峰的嗜好与藏书无疑为他习医提供了最直接的良好条件。但因祝味菊自幼聪颖好学，天分极高，故其习医之初就能独立思考，深求甚解，以至于“三更其师，而终未能祛其所疑”。就是其姑丈严雁峰亲自出马传授医学，最终也只能说“穷矣，吾无能为力矣”。于是才引出了祝味菊扩大学习范围、攻读西医的一段经历。

1908 年，四川省招收军医，祝味菊应考入学，两年后，东渡扶桑接受新的医学理论。1911 年回国，在蜀中开始行医，初试锋芒。1924 年前后，祝味菊从四川迁徙至上海。

移居上海以后，祝味菊为了适应上海的医疗环境、用药方法，并没有贸然悬壶沪上。而是“入国问俗，不敢孟浪悬壶，息影沪上者一年”。在深入调查，拜访名医之后，他发现，上海的温病学说一统天下，上海医界已经形成了用药“轻清”、求稳的风气，而无法解决患者的实际问题。他在《伤寒质难·极期篇第六》中对此种弊病提出尖锐批评：“由辛凉解表，甘淡驱湿，而至透热转气，清营散血；由宣化湿浊，滋阴清热，而至涤痰开窍，平肝熄风，医者逐步做到，而终不能弭其变。”（图 44）

明清时期，擅长清凉的温病学说崛起并日臻完善，以叶天士、薛生白、吴鞠通、王孟英为代表的温病学派更是风靡江南。一时间医者皆将《临证指南医案》奉为圭臬，均以温为阳邪，宜寒宜凉，以致清法大行于时。然清凉太过亦生弊端。面对此情此景，祝味菊力排众议，以用姜、附、麻、桂治愈一个高热两旬不退，神昏谵妄，被当时名医认为是邪入心包、误投辛燥、法在不救的患儿。他以勇于承当的精神及高超的医技，成为独树一帜的沪上名医。

图 44 《伤寒质难》

祝味菊生活的时代正是中国传统医学的多事之秋，民国初期，随着西学传入规模和速度的日益增强，西医的影响和势力也日渐增大。中医学只此一家的局面被打破，中国形成了中西医两种医学体系并存的格局。造成了国内中医、西医两种异质医学体系并存的局面。

近代中医药界许多有识之士清醒地认识到中西医学之间的区别和差距，纷纷努力寻求改善自身的途径和方法。此时，祝味菊作为中西医学的汇通者，他认为："真理只有一个，是非不能并存，医而合符真理，应无中西之分。中医能够医好病是事实，事实里面就有真理，我们应当用科学的方法，去发掘说明这事实背后的真理。世间没有毫无理由可言的事实，没有永远不能解释的奇迹。"他强调要"尊重中医疗病的成绩，尊重中医有效的事情，不能因为现代科学尚无力解答其所以然而放弃不顾，更不可只赞誉而不屑应用。"

因此祝味菊以"发皇古义，融会新知"为其中西汇通思想的根本，虽提出改革中医，但始终立足于中医，主张停止中西医门户之争，建立沟通的桥梁，实现中西医间的认识与了解，以求共同的进步。

1951 年 7 月 30 日，祝味菊因患喉癌病逝，享年 67 岁，归葬于故籍祝家桥之山茔。祝味菊在新中国开展中医研究和教育的宏图还来不及实现就溘然长逝。在历史的长流中，祝味菊参与并推动了中国中西医的发展，通过亲身实践，勇于创新，在学术思想上相互沟通，更以实际行动践行并验证了自己的汇通理念，为后人打下了坚实的基础，为莘莘学子铺平了道路。

郭柏良

呕心沥血办学育才，医德高尚力挽沉疴

图 45　郭柏良

郭柏良（1884—1967），别名郭纶，号闲云居士，江阴人（图 45）。郭柏良自幼好学，于清光绪二十三年至三十三年（1897—1907），在苏州名医盛亮臣及无锡名医叶杏村处学医。1913 年，在上海天潼路挂牌开业，是年时疫流行，郭柏良处方药多良效，病人接踵而至，遂蜚声沪上。

郭柏良自 1923 年起任上海粤商医院医务部主任，每日清晨 7～9 时义务应诊十余年，风雨无阻，从不间断，深得旅沪广东籍病人信任。在 1929 年反对“废止旧医”案期间，郭柏良积极参与中医药界的抗争救亡活动，并担任全国医药团体代表大会干事。1932 年起任上海市国医公会常务理事，还曾集资筹建江阴同乡会新址。

1936 年，当时中医界鉴于中医后继乏人，由国医公会推举郭柏良自筹资金在上海境内天通庵路建中国医学院校舍，任院长。学院最多时可容纳学生四五百人，居当时上海各中医学校之首。他还特别设立施诊给药部，施济贫病，赢得交口称赞。“八一三”淞沪抗战，校舍被毁，学生

停课。为不使学生学业中断，郭柏良先后在贝勒路（今黄陂南路）、重庆北路等地租借房屋，恢复办学。郭柏良任职期间正值日寇侵华，他不避艰险，满腔热血培育中医药接班人，担任院长直至 1940 年。郭柏良先生热心中医教育事业，一生为发展中医药事业作出了很大贡献。他的亲炙弟子有安徽屯溪程道南，上海刘义方、王惠仁，江苏镇江赵心棣，广东伍颂文，香港萧琼秀等，其子郭少柏亦传其业。郭伯良付出大量心血的中国医学院先后培育出了景芸芳、谢菲予、杨澹然、萧熙、夏德馨、陆剑尘、程士德、何志雄、梁乃津、颜德馨、朱良春、江育仁、蔡小荪等现代名中医。

在临床方面，郭柏良深受江阴“龙砂医学”流派特色的影响，用药善用膏剂，重视运气理论对寒湿病症的证治阐发，临床擅长运用通阳、扶阳、温阳等治法，对类中风、眩晕、哮喘、胕肿、黄疸等疾病的治疗具有丰富临床经验，著有《哮喘除根新说》（图 46）。1956 年被聘为上海中医文献研究馆馆员，积极参与中医文献的挖掘和整理工作。不久，郭柏良将收藏的 170 余册中医书籍捐赠上海中医文献研究馆，供馆员研究使用。1959—1966 年先后发表《哮喘病因与治法》等医案、医话 26 篇，此外还编写了《三一七复兴医方》《新十四经钩玄》《儿科浅说》《消渴专辑》等著作。其中《三一七复兴医方》是郭柏良在新中国成立初期编撰的一本方剂学手稿，在书中郭柏良不仅对中医方剂理论及临床应用进行了明晰阐述，并根据清代韵书《诗韵合璧》结合医理来编写七言方歌，是一部医文俱佳的近代方书。

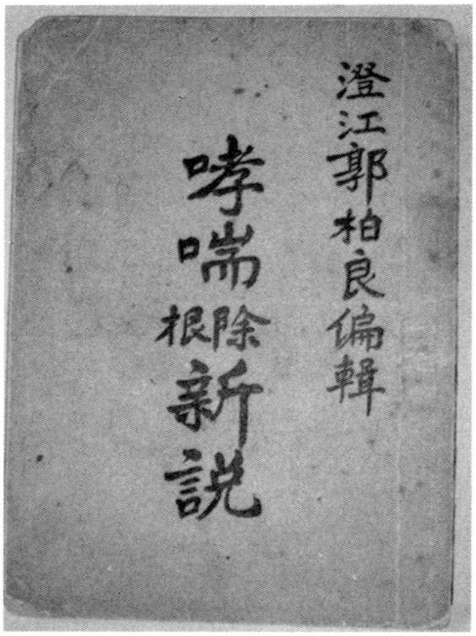

图 46 《哮喘除根新说》

徐小圃

儿科翘楚，涵养高风

图47　徐小圃

徐小圃（1887—1959），名放，江苏宝山（今属上海）人（图47）。世代业医，尽得其父徐杏圃真传，弱冠时即悬壶济世，设诊所于上海东武昌路，晚年迁居虹口，专业儿科，名重一时。徐小圃常说："儿科古称哑科，审证察色不可粗心大意。"他诊病认真，从早晨进入诊室到下午停诊，除中午略事休息外，整天站立不坐。因小儿不能与医者合作，坐在诊察椅上难以精确诊断，故徐小圃与其弟子们均站立诊病。尽管诊务繁忙，但他临诊仍一丝不苟，对每一患儿的口腔都仔细检查，毫不遗漏，绝不因忙而求快。他时常边问病情，边察神态，切脉按腹，耳听啼哭、咳嗽、气喘杂声，常教导弟子们要做到"眼观四处，耳听八方"。尤为可贵的是，他能从候诊患儿特殊的咳嗽、啼哭声中觉察出异常，从而及时处理。如有一次，他开方未及一半，即停下令人将外面候诊的一咳嗽患儿带进，原来他从其特殊的犬吠样咳声中，发觉了这是一例白喉患儿，即予及时处治，避免延误病情或传染其他病孩。

徐小圃先生在行医之初，也曾偏重于小儿纯阳，无烦益火，阳常有余，阴常不足的理论，以及以小儿热病最多为指导思想，所以治疗用药方面，按温病学的理法方药为准则，用药多主清凉。然而某年夏季，徐小圃的长子徐伯远患伤寒重症，诸医束手，祝味菊却在其高热神昏、病情危笃的情况下，投以附子为主的温热峻剂，竟一夜间大获转机而痊愈。徐小圃为此对祝味菊先生善用附子为首的温阳药经验甚为服膺，他不但虚心撤下“儿科专家”的招牌重新向祝氏学习，还让二子伯远、仲才拜师于祝氏门下。几年后，徐小圃完全转变成了善用温热剂的儿科专家，临证常用麻黄、桂枝、附子等药，尤其擅长运用小青龙汤、麻杏石甘汤，以麻黄宣肺为主治疗小儿肺炎，其效卓著，因而有“徐麻黄”之美誉。当时徐小圃名声已著，犹能虚心服膺求教，一改医风，着实令人钦佩。与此同时，徐小圃还与西医谭以礼、刁心德等相交，探讨西医学，故对西医学也较熟悉，善于汲取西医诊疗的长处。如他早在20世纪20～30年代就将患儿用过的压舌板进行消毒，防止传染。起初使用银制压舌板，用后置酒精内消毒；后来改用木制压舌板，用后煮沸消毒，对传染病如白喉等患儿使用过的则作焚毁处理。

徐小圃急公好义，富有爱国精神，抗战初期，他不惜将多年珍藏的各式银器捐出，其中许多是名人馈赠的银盾、银杯等，十分珍贵，总计2 000两，用于购买救国公债。他还积极从事社会学术团体活动，曾任国医公会监察委员、新中国医学院附属医院儿科主任、中国医学院董事长、神州医学总会副会长等职，对中医事业尤为热心，屡次认捐巨款、土地等。20世纪30年代，他见国医公会缺少房屋，只能租赁他人住房，便将自己在虹口齐齐哈尔路土地一方捐赠给公会，以便日后造房；抗战胜利之初，当同道朱小南谈及要办一个中药园，他偕同名医石筱山等各捐巨款，作为筹办资金；为筹建中医学校，他与石筱山、顾筱岩等医家各捐出一笔相当于黄金若干两的钱款，在闸北地区购地10余亩，作为办校基地。他还曾单独出资刊印《和汉医学实验集》一书推广医学。

徐小圃雅好收藏，是海内外闻名的收藏家、鉴赏家。藏有唐宋以来历代名家书画，其中唐代怀素《小草千字文》最为珍贵。徐氏藏品中还有唐代女诗人薛涛绢书《美女篇》手卷、宋代姜白石书《报母志跋》真迹、文天祥书赠宋代某儿科医生“慈幼堂”匾额真迹等。他的书法造诣也颇高，法宗苏（东坡）、黄（廷坚），笔力遒劲，气势雄伟，有大家风度。

徐小圃及门弟子，遍及海内。其子伯远、仲才，均克绍箕裘，能传衣钵，弟子王玉润、顾文华、朱瑞群、江育仁等亦江浙中医儿科大家，传人亦皆沪上中医精英。图48为徐小圃与名医朱少坡合影。

图48　徐小圃（左）与朱少坡合影

姚和清

妙手仁心除障翳

图 49　姚和清

姚和清（1889—1972），字仁航，浙江宁波人（图 49）。幼年丧父，自此家道中落，一贫如洗，全家的生计都依赖其母的针线过活，姚和清就是在这样艰苦的环境下长大成人。

家中虽然清贫，但是姚和清的母亲还是设法将他送入私塾求学，攻读四书，以希冀姚和清将来能够有所成就。在他 13 岁的时候，就离开家乡，远赴异乡做学徒，随着姚和清年龄的慢慢增长，由于经年累月的苦难和操劳，他的母亲卧倒在病榻，自此一病不起，多方寻医问药却毫无起色。亦曾割股，却不曾有疗效。母亲去世后，姚和清在痛哭之余，发愤立志学医，以求保身救人。

其舅父邹明辉业眼科，颇有所得。姚和清便在工作之余以从师的礼节对待自己的舅父。他每晚勤奋地背诵医书、刻苦钻研，数易寒暑，对眼科知识也有了自己的认知和拓展，于是就开始为有眼疾的同乡治病。在那时，有一个名为潘四海的患者，已经失明了二十余年，多方治疗无效后来寻求姚和清的诊治，然而经使用滚障眼药治疗，竟然半个月就复明了。往后，潘四海四处宣扬，使得姚和清医名鹊起，寻求治疗的患者日益增多。于是他放弃商务，正式悬壶甬上。对家境贫寒的患者免费进行义诊，甚至资助给药。又将医金所得，创办蒙养贫民义务学校。对待苦难儿童，姚和清更是触景生情，怜恤尤深。以此，渐遂生平治病救人之愿。

早年开诊时，由于感到仅仅使用眼科方法治疗无法解决眼科重症，于是姚和清转换思路，发愤从内科下手。在坐诊以外的空闲时间，刻苦攻读医经，博览众书，对《伤寒论》和《金匮要略》尤其加以深究。他认为张仲景之书虽治伤寒杂病，但其立法处方可为后学准绳。同时，对各派学术也尽数撷取精华，而用于眼科，每每可以获得奇效。除此以外，姚和清还经常向宁波的内科名医范文虎、洪醉樵、沈仰峰等请教，以求博采众长。

1935 年，姚和清正式来沪设诊，于眼科界颇有医名。1956 年，响应国家号召，放弃个体开业，受聘于北京中国中医研究院，但因水土不服，于 1958 年重返上海，就任上海市第六人民医院中医眼科主任，兼任华东医院、上海铁路中心医院眼科顾问。

姚和清精于内治，在学术上强调整体观念，认为眼具阴阳，又由脏精气腾结而成，眼内各组织皆与内脏相应，因而其所表现之生理功能与病理变化，直接或间接反映出内脏情况，奠定了眼与内脏整体统一的观点。鉴于此，对待眼病必须视为整体的局部病变，绝不可仅仅认为是眼本身的变化。由于眼病形成，全系阴阳失调。人体各个脏腑有其偏性，所以必须掌握“治病求本”的治疗原则。掌握整体观念，再进行辨证论治，以纠正偏胜，调和阴阳。

而在临床诊疗上，则重视乙癸同源。姚和清认为肝开窍于目而主于肾，肝肾对眼的生理病理关系深巨，很多眼病发生的主要原因在于肝肾精血两亏；阴不上承，虚则生内热；虚火上炎，真阴不足龙雷之火上游；以及水不涵木，肝阳偏亢；化风、化火等几方面。因而治疗用药必须掌握乙癸同源理论，根据不同病情而妥善掌握。

与此同时，姚和清治病善用成方，以为成方为古人通过实践所获得之经验，如能善于运用，斟酌加减，可以事半功倍。所用方药，多宗于内科，尝谓：“眼病系整体疾病，治病必求其本，如果病因相同，则内科方可治眼病，眼病方亦可治内科疾病。”用方则各家学术兼收并蓄，毫无偏见。其中，对仲景方尤为推崇。伤寒与温病等学说，虽与眼科无及，但也可借用其方以治眼病。认为眼具阴阳水火，而伤寒温病之发生，亦系阴阳水火偏胜，所异者，所犯病变部位不同，出现症状不同而已。同时亦重视古人治疗眼病经验，甚至单方、验方等，无不笔录，以供临床参考。

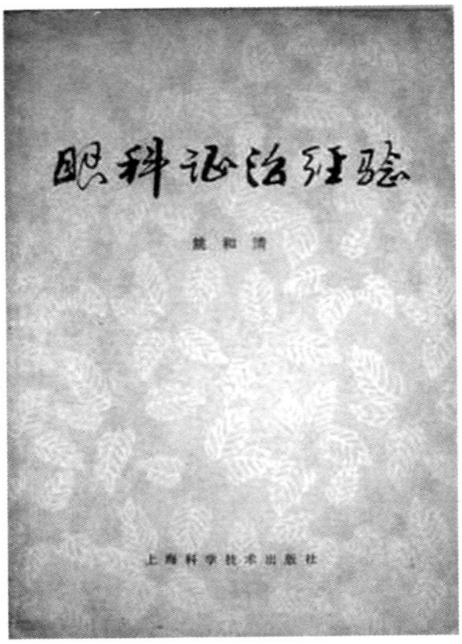

图 50 《眼科证治经验》

姚和清生前曾发表过眼科论著9篇，并由其子女整理出版《眼科证治经验》（图 50）一书。子姚芳蔚、女姚芳莲二人皆承其业，在沪上享有盛誉。

终其一生，姚和清都奉行了自己治病救人的信念，为成千上万的患者拨开云雾，使光明重新在他们眼眸中绽开。当妙手与仁心相合，最终成就了精诚大医。

王吉民

学涉中西，医史泰斗

王吉民（1889—1972），又名嘉祥，号芸心，广东东莞人（图 51）。1910 年，王吉民毕业于香港西医书院。1911 年上海鼠疫流行，王吉民受聘任上海中国防疫医院院长。辛亥革命时，担任中国红十字会第一救护队队长。此后曾任外轮公司船医、沪杭甬铁路管理局总医官，1931 年转任浙江省邮政管理局医官，同时在杭州开业。王吉民从小时候起就受其祖父从事中医的影响，虽然毕业于西医大学堂，可是对祖国医学却怀有好感，特别是对祖国医学史更有浓厚的兴趣，常在行医之余，注意阅读祖国医学文献中有关医学发明的记述。

图 51　王吉民

1913 年，美国医史学家嘉立森出版了《医学史》一书，其中涉及中国医学史料甚少，且有谬误。王吉民为了“保存国粹，矫正外论”，对自己历年所收集的我国古代文献与中医古籍，连同其祖父遗留之各种文献共 400 余种，进行学习钻研，用了十多年时间，从医学的各方面探索我国古代的发明创造。自 1925 年起，王吉民以中文与英文陆续撰写论文和文章，发表在各种刊物之上。1928年，他将上述文章汇集成册，以《中国历代医学之发明》书名出版。在该书自序中写道，若认为中医“绝无所发明，不值于世界医学史上留一位置，则不可”。他举例说出对人体血液循环的认识、麻醉法、灌肠术按摩、水疗以及动物脏器疗法等，有人以为这些是当今的新发明，其实我国“古代多有之，时去西医萌芽之时代尚远也”。《中国历代医学之发明》的出版，对于帮助读者正确认识中国医学历史上的发明创造及其成就，产生了积极的作用。后来，他又与伍连德合著英文版《中国医史》，经过10多年时间辛勤耕耘，终于在1932年完稿出版，1936年再版，在国际医学史界具一定的影响。

1935年冬，当中华医学会在广州举行第三届全国会员代表大会时，王吉民与伍连德、李涛等几位热爱医学史的会员，商议发起并组织了“医史委员会”，其宗旨确定为“促进医史学术之探讨与研究”。王吉民被推举为该委员会主席。1937年4月，中华医学会在上海举行第四届全国会员代表大会，“医史委员会”进行了改组，更名为“中华医史学会”，王吉民被选为会长。为了积极推动医史工作，发挥医史学会应有的作用，他代表中华医史学会明确地宣告：“对于医史之倡导与推进，本会负有极大的使命。”因此，中华医史学会成立后，有计划地组织中、西医学界人士撰写医学史，一年举行若干次医史学术交流会，并且每隔一年分别编辑出版一期中文版与英文版《中华医学杂志医史专号》。正是由于王吉民等人的努力推动，中华医史学会能够及早组织成立，从而成为中华医学会最早组成的12个分科学会之一，在促进医史学术活动上起到了很大的作用。

1937年4月，中华医学会第四届全国会员代表大会在上海召开时，王吉民负责筹备举办了一个“医史文献展览会”，这可以说是创立我国医史博物馆的先声。虽然当时上海被日本侵略军所占，环境、条件与经费都很困难，但是经过王吉民的努力与多方筹划，在一些热心人士的支持下，我国历史上第一个医学史专业博物馆——中华医学会医史博物馆于1938年7月在上海诞生，王吉民任馆长。其后他多次将珍藏的医史资料，包括5 000余册中西医刊赠给该馆。1958年，该馆划归上海中医学院，王吉民亦调至该院并继续担任馆长。

王吉民专心致力于医学史研究长达50年之久，为中国医学史、博物馆事业倾注了毕生的心血。1941年起他被接收为国际医史学会会员，与英国著名科学史专家李约瑟博士等交往颇深。他除了撰写出版《中国历代医学之发明》(图52)《中国医史》专著外，主编了《中华医学杂志医史专号》《中文医史论文索引》《中国医学外文著述书目》《中国医史外文文献索引》等，并且先后用中、英文写作发表论文与文章100余篇，其中包括对医药事物的考证、医事制度、中外医药史话、中外医家传记、中西医药发明、中医中药流传国外以及西医传入我国的情况等多方面的内容。鉴于王吉民在医学史研究领域的突出贡献，1966年他被国际科学史研究院推选为国际科学史研究院院士。

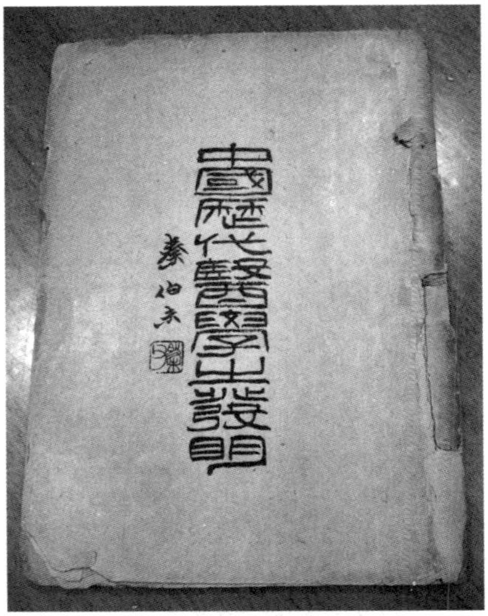

图52 《中国历代医学之发明》

夏墨农

世代行医仁心仁术，悬壶济世名扬江南

图 53　夏墨农

夏墨农（1892—1950），字和庄，浙江德清东南湾人（图 53）。夏墨农出身中医世家，幼承庭训，自小跟随父亲学习岐黄之术，至弱冠学成，随后悬壶于家乡。立志以仁心仁术济人，自题匾额为“春及堂”。

先生曾云：“医理通天，一举手，一投足，性命攸关，不可不精；病家痛楚，一皱眉，一呻吟，皆言所苦，事在必察。”故而，夏墨农在临床诊治时，对病人体察细致入微，对疾病辨证细分阴阳，用药力求精简适当，对注意事项反复叮咛唯恐还有疏漏。在看诊之余，夏墨农始终手不释卷，时常挑灯夜读，对经典古籍反复研究以求有些许感悟心得。

夏墨农常常挂念在乡野田间耕作的穷苦农民，他们因常年劳苦而身患各种疾病，远离城镇且请医购药困难。“异乡远道，路途艰辛，病家尤不堪顾波，医家当深恤之，辨证用药务求精当”。于是他于医书古籍中精选先贤验方验法，对同道医家不耻下问，听闻有灵验的药方便不惜以重金相求。再结合自己的经验及想法，悉心改制，再传授给门下弟子。凡

是来看诊的患者，夏墨农常要求一次确诊，辨证析理，初诊方与接诊方并出，最忌反复。敷完外用药后，并给先后更换之药，指定学生详细交代煎服法、换药法、饮食宜忌、调畅情志。

夏墨农对于痈疽大证，治疗着手多效。当时乡间医疗卫生条件差，疔疮、痈疽常致毙命；肺痈、肠痈多以致死；流火、臁疮肿溃不收。夏墨农掣香头吊以提疔拔毒，用水蛇头以起疔疮走黄，授降丹薄贴以截流火，将三石敷糊以愈臁疮。大多数病家来诊一次，归去依法顺序自治而愈，故远近以“一趟头夏墨农”而闻名。

夏墨农生性善良，遇到村野贫困的患者，不但给他免费看诊，还赠送药材，分文不收。在其诊所园中，常放置合抱大缸十余口，每年放入汤药，供患者免金自汲。由此夏墨农名声大振，十年之间誉满杭嘉湖；浙北、皖南、苏南患者亦尽归趋之，江浙同道争以子弟请为传者。夏墨农有感于患者远道跋涉之苦，而自己孤身一人疲于应诊，仅以一人之力，就算有观音千手，仍旧不足以济世救人。于是他便广收有志于之士、传道授业。入夏氏门墙者不下四百人，夏墨农以仁者之心，对学生严格教导，选经典，订歌诀，讲医理，教操作，年有年课，月有月课，日有日程，每日对数十名弟子各有妥帖安排，或学医经，或制药，或侍诊，或襄诊，夜阑灯下更与讲解经典，剖析病例。至弟子学成出师，多能以夏氏之学自主一方之脉。

“春及堂”上下各四大间，楼下为日间诊病用，盛时日竟四五百号，门前路以车轿相接，河为舟楫所满。夏墨农为远道病家候诊、就餐、休息方便，就诊室东向另筑楼房三间。下为灶屋，供病家自炊，上仨病家自择休息。诊厅楼上四间，供学生住宿，研读，制药用，家居则于厅后另筑一舍。已初具医院的雏形。

后夏墨农为避劫匪，乃移诊于浙江菱湖，抗日战争期间，避难于上海，设诊于黄河路，日诊亦三百余号，沪上同道崇之。先生曾著有授业歌括，精选外用方，以及门人收集先生选定的内、外科医案十余卷，惜皆毁于抗日战火，惟其医名，不绝于江、浙、沪病家心间。其长子夏少农承其业。后受聘于曙光医院，任上海中医学院教授，倡正邪发病说，著《中医外科心得》(图 54)，在学术上颇有建树。

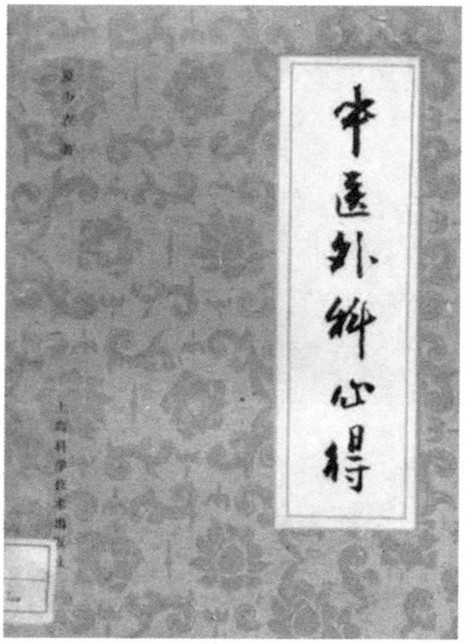

图 54 《中医外科心得》

夏墨农先生在外科学术上推崇陈实功，赞赏其朴实无华的学风，以为一部《外科正宗》句句落到实处，绝无虚妄粉饰之词，堪为临床家心典。其所诊以急性阳证外科疾病为多。推崇张子和“病之一物，非人身素有之，或自外而入，或自内而生，皆邪气也，邪气加诸，速攻之可也，速去之可也”“邪去而元气自复也”之说，以为张氏创汗、吐、下三法，使邪各就其近而得泄，用之外科尤为得体。外科治法与内科本同一理，而外证更具有现诸体表的特点，医家应充分利用这个特点，使邪从肌表而出，这样能提高疗效，缩短疗程。

葛养民

民国女医，独树一帜

葛养民（1892—1973），江苏嘉定（今属上海）人（图 55）。民国时期，女性逐渐开始走出家门成为职业女性，形成了职业女性群体，女医是其中一个较为特殊的群体，虽然人数不多，却在近代上海中医药发展史上占据了一席之地，葛养民就是她们之中具有代表性的一位。她早年在南市尚文小学执教，同时师从清廷御医嫡传弟子、民国沪上名医金百川，专攻内科，曾在今思南路57号、南京路中和大厦等处设诊所。

图 55　葛养民

1922年，葛养民与叶指发、刘佐彤、徐访儒、王一仁、秦伯未等，鉴于“吾华医学，肇自神农，迄今已数千年，向无医校之设。近年以来，男校虽有创办，而女校尤有广为筹办之必要”，遂“发起中华女子医学校，附设妇孺医院”，并得到“沪上绅商赞助，暂设江苏全省中医联合会为筹备处”，只可惜，中华女子医学校仅在1922年的《申报》上看到筹备消息，后来因为种种缘故未能如期成立。

葛养民常为政界名流邵力子、林康侯等诊病。一次去外地为某政要治病，还曾从正发动的飞机上摔了下来，多亏了披了件轻薄面料的大衣，落地时如鸟双翼，竟毫发无伤，堪称奇事，人皆曰“大难不死，必有后福”，葛氏后来果然医名大起。关于她起病回春的故事有很多，根据《嘉定葛氏族谱》的记载有：林康侯子林之琨，昏迷十日，遍集名医，为之束手，养民认为其“痰迷气极，所谓惊风者也”，并言只要“调治合度，十日当愈”，届时果然；曹兰生姐曹仁姑，得肝郁不适之证，初起瘕块攻痛，继则月事不下，腹膨过胁三寸许，她先后用药十次，腹部始松，后更以“下瘀之剂”投之，瘀下斗许后得愈；又一五龄童脱肛，西医治疗三个月，病势愈重，她以铁片煎汤外洗，又以磁石汤饮之，七日即康复如常。

作为女医，葛养民认为：“女子赋性温慈，业医，较男子为尤适，而妇孺病，延请女医，禀赋切近，病情当更明了也。”她主张辨证施治，强调“学术无中西，物质无内外，尽可通也”。她还尤其注重医德，曾说过：“良医治病，犹良相治国，不仅学问渊博，经验宏富，尤贵仁心仁术，心术不仁，则学问经验，皆无足取。”1931 年，葛养民作为代表参加神州国医学会，后又被聘为中央国医馆理事、上海国医分馆董事、中华医学会执行鉴定委员等。1956 年被聘为上海中医文献馆馆员，并担任市科技高级职称评委、市中医儿科学会顾问，嘉定中心医院中医科主任、教授等职。葛养民处方笺见图 56。

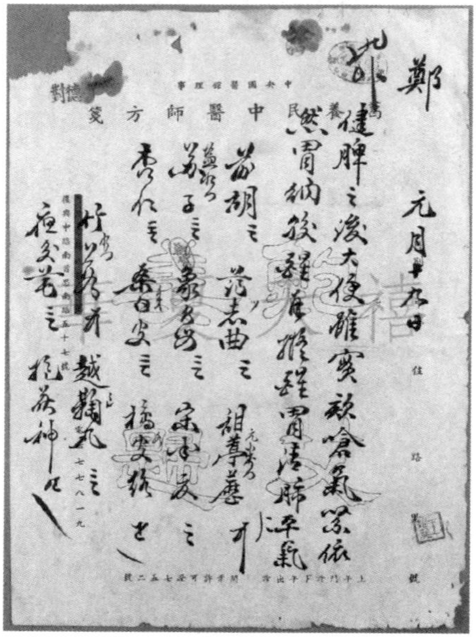

图 56　葛养民处方笺

顾筱岩

精外通内，擅治疔疮

顾筱岩（1892—1968），字鸿贤，上海浦东人，出身于中医外科世家（图57）。顾氏外科创始于1862年，发源于上海崇明，后迁居上海浦东悬壶济世。顾筱岩的父亲顾云岩、长兄顾筱云均以疡科誉满桑梓。顾筱岩少年即从父兄习医，1912年，在其兄开设的浦东烂泥渡路益生春诊所应诊。父兄亡故之后，为了发展业务，顾筱岩又同时在浦西南市万裕码头街鼎泰仁牛皮号内也设立一个诊所，他经常往返两地，间日门诊。那时的病人，绝大多数是下层贫民，有船帮、黄包车夫、码头上搬运工人及其家属。一段时间里，业务很是平平。但是苦心经营了数年之后，逐渐地有了发展，于是顾筱岩便租赁了南市城外紫霞路敦安里一幢石库门房子。至此，方算有了自己独立的诊所。当时，抗生素尚未广泛使用，“疔疮”曾是一种令人生畏的凶险疾病，特别是“疔疮走黄”夺取了许多人的生命。顾筱岩先生在以其精湛娴熟的中医外科医技，挽救了无数性命。抗日战争爆发后，诊所迁至福煦路（今延安中路424弄18号），求诊者摩肩接踵，日日盈

图57　顾筱岩

门。每日三四百号的繁忙诊务，使顾筱岩成了上海滩上妇孺尽知、大名鼎鼎的疡科名医，被封为“疔疮大王”，与当时伤科名医石筱山、妇科名医陈筱宝并称“上海三筱”。

顾氏擅治外科疮疡、疔疮、发背等重症，其学奠基于《内经》《难经》，宗明代医学家陈实功，取法于《外科正宗》，深研《疡科心得集》及《外科全生集》。临床融会贯通，治病重视整体观念，认为疮疡“形之于外，病源必根于内”“脾胃气血生化之源，亦疮疡化毒之本”，善于掌握阴阳转化之理，不拘成法，形成了顾氏外科独特的学术观点和临床经验。凡疮疡须出脓者，顾氏不用麻醉，常用暗刀，骤然刺入，当其发觉，脓已大泄，手术准、快、轻、灵，尽在指下。顾氏博采众长，钻研创新，用“蛔虫”做药以聚毒起疮头治疗、用小公鸡炖汤频饮以生发胃气、托毒外出治愈对口疽症者等独特的治疗方法。并继承和改进家传验方，创制了芩连解毒汤、红灵丹、黑退消、青黛散、青吹口等治疗特效药。还对外科常用成药进行了改革，如把小金丹改成小金片，醒消丸改成新消片，六神丸改为解毒消炎丸，又改为六应丸。这些成药，均按新的方法制成，节约了药材，提高了疗效，方便了病人。

顾筱岩崇尚医德，在悬壶于南市万裕街时，地近水陆码头，遇贫苦求诊者，常施诊给药不收诊金。他曾教育临诊子弟，诊务越忙，临诊应越细，审诊用药，殚思竭虑，对病家要和蔼可亲，解释病情戒危言耸听，戒自炫其术，治病治心，足为后世取法。

筱岩先生教子带徒，教学严谨。自编教材，将自己独特的学术见解、验方和外治方法悉心传授子侄门人，培养出一批顾氏外科流派的优秀中医。1948 年，顾筱岩先生移居香港，曾在九龙开业设诊，在海外颇有影响。1956 年回沪定居，任上海市中医文献研究馆馆员，潜心著作。60 年代，他支持子侄门人毫无保留地将验方、秘方汇编于中医学院全国统编教材的外科讲义中，得到了全国同道的赞许。

顾筱岩任职上海市中医文献研究馆后，先后撰写了《疔疮走黄之辨证施治》《乳部疾病谈》《穿骨流疽治疗体会》《委中毒的病因及治疗》《痄腮证治》《漫谈对口疽》《治愈形成空腔窦道的瘰疬一例体会》《骨槽风临证心要》《发背兼消渴治疗体会》《外治疗法经验》《漫谈大头瘟的治疗》等10余篇医案、医话，发表于《上海中医药杂志》和《临证心得集》。晚年编著《外科外敷选方歌括》，并拟写诊疗回忆录，可惜未果而卒。其子顾伯华亦是我国著名的中医外科学家和教育家，他自幼随父习医，融通中西，创新发展了顾氏外科的学术思想，是顾氏外科最杰出的继承者和发展者（图58）。

图58　顾筱岩与顾伯华合影

方慎盦

能以金针引痾起

图 59　方慎盦

方慎盦（1893—1962），名墉，祖籍安徽合肥。生于四川，10 岁移居江苏扬州（图 59），后跟随岳父宋德宗在扬州行医，尽传其学。晚清针灸大师黄石屏当时亦悬壶扬州，经宋氏介绍，再受业于黄氏门下，几经寒暑，学有所成，求医者日渐盈门，或针或药，或两者兼施，其疗效显著，因此年方弱冠，即已成名。近代著名实业家、政治家张謇曾有一联相赠“能以金针引痾起，曾从黄石受书来”。

20 世纪 20 年代初，方慎盦因上海病家邀请，频频来沪，后来上海病家日益增多，遂定居上海开业行医。当时，上海名医虽多，但从事针灸者较少，方慎盦来沪后颇受病家欢迎。1929 年国民政府无视全国人民反对，拟下令废止中医。方慎盦愤然聚集志同道合的中医界人士，发起组织中医学术团体“医学回澜社”，反对国民政府的卫生政策，呼吁国人给予中医应有之重视，并出版针灸书籍发表针灸普及文章，使众多读者加深对针灸的了解。方慎盦医德高尚，40 年代初，曾创办馥南金针医院，每晨义诊 20 号，兼赠药品，编印发行《馥南金针医院特刊》。他还曾担任上海市中医师公会学术科主任，对病家与同道之间的医疗纠纷，秉公判断，一言九鼎，令人诚服。

方慎盦还注重对外传播针灸，曾经受邀前往上海震旦医科大学为部分法籍教授讲授针灸学，并在该校附属广慈医院作示教、会诊。近代欧洲最有影响的针灸传播者、法国针灸学会主席苏里德马朗博士，在20世纪30年代特来上海向方氏登门拜师，并请方氏为其所著针灸专著审订、修正并题签。而方慎盦在诊病中亦常引进西医学方法。例如古代针刺缺乏消毒概念，常采用隔衣进针，以及“入口中必须温热方可与刺”的口温法。但方慎盦早在20世纪30年代初已提倡不隔衣进针，并在进针前采用酒精局部消毒。他还早在1937年，就经使用《方慎盦诊病表》铅印病历。除姓名、性别、年龄、地址、年月日、编号外，其他内容还包括初病经过、现在情形、特别症状、标准治法、处方、结果。并列有体气、面色、脉象左右、舌、嗜好、寒热、汗、饮、食、睡眠、大便、小便，以及身体各部位如头、颈、眼、耳、口、齿、胸、腹、背、腰、手臂、腿足等项。中医在20世纪30年代已使用内容如此详细的病史，实不多见。为提高疗效，吸收西医之长，方慎盦早在20世纪30年代就设计定制过两种针灸器械：其一为类似近代梅花针之针具，是据《灵枢·官针》毛刺、扬刺、半刺等刺法，“浅内针”“正内一、旁内四”之义设计制成；其二为“温灸器”，为熏灸结合药物，既有艾灸之优点，益以药物之作用，用以治疗虚证和痹证。

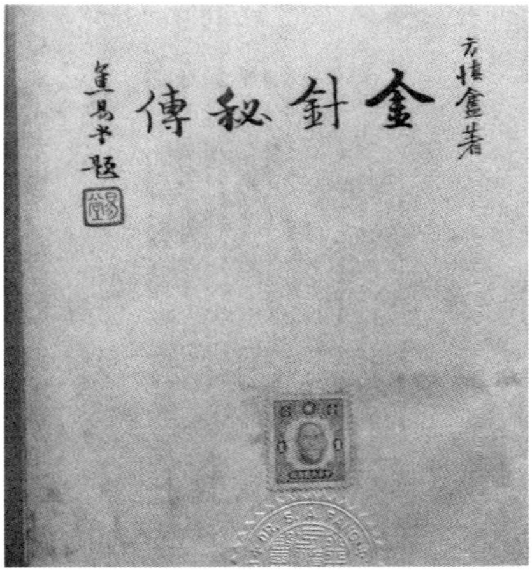

图60 《金针秘传》

方慎盦思想开拓，不因循守旧，对古今有益病家之术兼收并蓄，临证主张辨证精确，取穴少精，重视手法，补泻分明，针药兼用。他主张首应熟读经典，然后融会贯通，不泥古法，以求突破。他最具代表性的著作是《金针秘传》（图60），该书刊于1937年。当时受政治因素影响，传统医学备受戕害，方慎盦有感于针灸势微，立志改变中医现状，弘扬学术。他在书中说道：“爰不自揣，乃将平时所得于师门与出于心悟者，提纲挈领，著为此编，由体以达用，即寓巧于规矩之中。”此书现存上海医学回澜社铅印本，《近代中医珍本集》亦收录此作，后世翻印传之颇广，远销欧洲、日本、东南亚等国。书中上溯《内经》《难经》经典旨意，旁采名家验法，结合潜心所得，论述针灸原理、腧穴之治，图文并茂，生动形象。

除精研医道外，方慎盦还通晓法语、日语，擅长诗词书画。他曾以画家身份载入《中国近现代人物名号大辞典》。20 世纪 40 年代在上海举行个人书画展览会，轰动一时。他精通音律，能操七弦琴。平日与当时著名的医学、诗词、书画、音乐、文艺诸大家，如张大千、吴湖帆、金健吾、陈子彝、程门雪、秦伯未、张赞臣、严独鹤等，过从甚密，或钻研医术，或诗词唱和，或丹青合作，咏物感怀，传为佳话。方慎盦之子方幼安、女方善璋承其术，后世传人有张仁、陈业孟等。

陆渊雷

融治中西医，倡导科学化

图 61　陆渊雷

陆渊雷（1894—1955），名彭年，江苏川沙（今属上海）人（图 61）。陆渊雷少年时期曾从朴学大师姚孟醺治经学、小学，于诸子百家、史地、物理、算学等书无所不读，对天文、历算、医术用力尤多。毕业后曾先后执教于武汉高等师范学校、江苏省立师范学院、国学专修馆等六所院校，教授国文、航海、天文等课目。授课之余他阅读大量医书，研究中医各家学说。后在其父的鼓励下，弃教从医，矢志于中医事业。

1925 年，恽铁樵创办“铁樵函授学校”，陆渊雷投书拜师，恽铁樵赏识其国学功底，聘其为家庭教师，不以师生相称，并邀其协办函授。陆渊雷受近代科学思想影响，提倡中西医学汇通，主张中医宜积极吸收西学。1928 年先后在上海中医专门学校、上海中国医学院任教，主讲《内经》《伤寒论》《金匮要略》等经典著作。次年与徐衡之、章次公共同创办上海国医学院，任教务长。以“发皇古义，融会新知”为办学宗旨，他的“中医科学化”在教学中充分得到体现，他认为：“学术分不得中西，更分不得你我。”又说：“学术者不以封疆为界者也，苟取其长，虽术中土而学欧西，何伤。”故在教学计划中，除重点学习中医理论和临床各科外，还要求学生学习“医化学、药化学、解剖、生理诸课”，特别是“西医之听诊、打诊、触诊及检查血液，大小便诸简要法”。他编写的《伤寒论今释》《金匮要略今释》教材，以近代医学评述医经，独具见解。陆渊雷在20世纪30年代就勇于实践中医科学化教学，他推陈出新、继承发扬的开拓精神不得不令人钦佩。

1932年陆渊雷在上海开业行医，临证以西医方法诊断，运用经方治疗，擅治伤寒等流行性热病、慢性肝炎、肿瘤等病。同年，他还应四方学者之请，创办“函授遥从”医室，教授中医学。“遥从部”前后开办五年，学员遍及国内与南洋诸地，著名弟子有岳美中、谢仲墨、姜春华等。1933年陆渊雷被聘为中央国医馆学术整理委员会委员。1934年创办主编《中医新生命》杂志，宗旨是用中药治疗疾病，用现代科学方法研究其原理。该医刊配合函授教学，除他本人文章外，还刊登当时各名中医的文章，更有遥从弟子提问及他的答疑，故影响极大。1950年受邀出席全国卫生会议，1954年当选全国人大代表。历任上海卫生局顾问、上海市中医学会主任委员、中医门诊所所长、上海市卫生作者协会副主任委员、中国红十字上海分会理事、上海市科学医学研究会副主任委员等。1954年被委托主办编纂中医教材，1955年任上海中医学院筹备委员会主任委员。1955年6月1日因长期劳累过度，肺气肿导致心衰，病逝于华东医院。

陆渊雷为近代中西医汇通学派之代表人物之一，在学术上主张将西方的理法和中土的方术糅合为一，提倡“中医科学化”。1929年，国民党通过废止中医案，激起全国中医界极大愤慨，在上海召开“全国医药团体临时代表大会”，陆渊雷亦被推举为请愿代表之一。是时，他便以科学化相号召，认为“担任国医科学化之工作者，须有国医旧说根底，且须通晓普通科学，不然即无从化起”。虽然由于时代的局限性，其主张的“中医科学化”，在今天看来仍有弊端，但他坚持以中医为本，勇于接受新知，努力探索使中医走出困境的进取精神仍值得后人景仰。

先生治学，素重实践，反对空谈理论，泥古不化。他竭力推崇仲景之书，认为《伤寒杂病论》乃“经方之冠首，治疗之极则，学医所必由也”。但是他并不笃守成方，“于对证用药，每以己意增损”。对于仲景的方药有自己的独到见解，不仅能随证加减，而且做到古方新用，推陈出新，故而疗效显著。时人有“北方萧龙友，南方陆渊雷”的美誉。

图 62 《中医新生命》

陆渊雷学识渊博，当其成名后，刻苦治学精神仍然一如既往，寒暑无间，日以继夜，时而览阅经典，时而奋笔疾书，以求医学之深解。至今曾登门求教于他的学生仍能清晰忆及在他的会客室桌面上放着一块小木牌，上写“闲谈敬陪 5 分钟”，足见其惜时精神。陆渊雷先生除专注于医学之外，兼学外文，精通英、德、日等国文字。他爱好广泛，于佛学亦有一定的研究，还通晓梵文、藏文等。陆渊雷毕生治学严谨，对中西医造诣深邃，著述颇丰，主要有《伤寒论今释》《金匮要略今释》《陆氏论医集》《中医生理术语解》《中医病理术语解》《流行病须知》《伤寒论概要》《脉学新论》《中医新生命》(图 62) 等。

图 64　魏氏伤科“逐瘀丹”说明书

药治疗风湿性和类风湿关节炎的研究，进行传统验方“黑虎丹”的疗效研究；他同时又撰写了《关节复位法》对魏氏有效复位手法进行了总结阐述。1958 年魏指薪献出家传秘方和治伤经验，研制数十种有效中成药和药方，外用方有三圣散、断骨丹、碎骨丹、四肢洗方等；内服方有逐瘀丹（图 64）、扶气丹、黑虎丹、骨科丹、续骨活血汤、伸筋活血汤、二陈舒肺汤、异功酒等，并整理总结了伤科理、法、方、药和自己独创的魏氏伤科手法。他曾担任上海第二医科大学（今上海交通大学医学院）祖国医学教研组主任、教授，上海第二医科大学学附属瑞金医院中医骨伤科、中医教研室主任，上海市伤科研究所副所长、名誉所长，中华全国中医学会第一届理事，中华全国中医学会上海分会副理事等职长。在临床、科研、著书立说的同时，他还培养了许多伤科人才，主要传人有李国衡、施家忠、李飞跃等。

王一仁

结社办刊，达儒明医

王一仁（生卒年不详，上海中医专门学校第二届毕业生），名鞠仁，字一仁，原名菊人，字瘦秋。安徽新安人，随父辈迁居浙江杭州水登桥。1917年考入上海中医专门学校，师从丁甘仁等学医。毕业后留校任教，同时兼上海广益中医院诊务，并参加水义善堂施诊，后自设诊所行医。

图65　王一仁

王一仁具有不凡的组织才能，1921年经丁甘仁首肯，发起创办了上海中医学会，希望以学会为纽带，团结同志、振衰起弊，藉以将当时一盘散沙的中医界“塑泥成佛，避免外风吹散”。该会以中医专门学校师生为主体会员，广泛吸纳社会医家，是当时上海地区颇有影响和地位的中医团体之一。同时王一仁还与同门戴达夫、秦伯未一起创办了《中医杂志》，并任主编。他在1921年首期《中医杂志》上发表祝词时回顾了这一段办会创刊的经历：“余初来医校，与同学组讨论会，半年成杂志一期。迨暑假后复来，任事者已心灰气散，余心恨之，而无如何！越年，国事蜩螗，激于义愤，又发起励志会，一时风飚云涌，气焰飞腾，一若可以持久，不逾年而消散，余亦恨之，然犹可原者在。以学生而从事救国，其势不能久也。今又有医会之发动，差幸丁师赞成于前，同志推波于后，而仲英先生，热心任事，擘划其间，执此以测将来，当不至如曩日之无成德也！吾将以卜中医之兴盛，兼以卜吾中华民国国医之消长。”1922年7月，他又创办《江苏全省中医联合会月刊》，阐发医理、弘扬学术。1928年，王一仁因病返杭修养，后举家移居杭州，继续开业行医。

王一仁医技精湛，在学术上他反对崇古，主张中西汇通，曾说："吾敢负责正言，中医必有吸收外来之长，而自成世界医学之日。”其所写《中国医药问题》（1927，图66）一书中，充分反映了这一观点。他力倡中医“学古而不迷于古”“喜新而不迷于新”，其学术思想和成果体现在中医药物学、方剂学、仲景学、各家学说、临诊经验、书目学等多个方面，并多有创新。例如《饮片新参》中首次区分平补、清补、温补之法，首次录入番泻叶等新药，并在药物形色、性味认知方面每多新见。

在中医教育方面，王一仁亦有卓越的贡献。他自1922年从上海中医专门学校毕业后，即留校任教。1927年秋与同窗秦伯未、许半龙、章次公、严苍山等创办上海中国医学院，并任校总务主任、教授之职。在中医人才培养上他主张学习西医学先进教育观念，并尝试中医学会短期培训、期刊函授等多种中医教育模式。

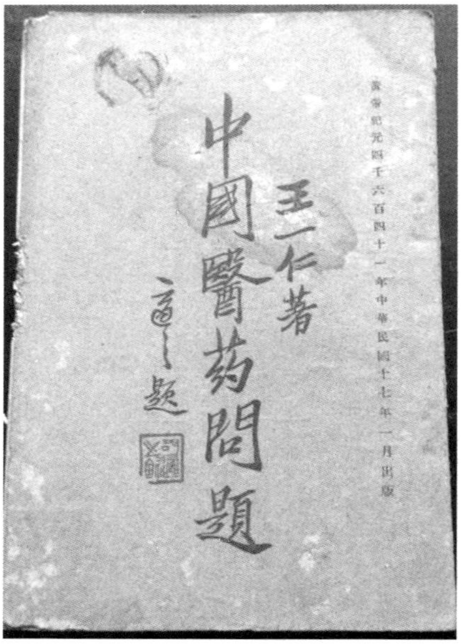

图66 《中国医药问题》

王一仁有着深厚的中国传统文化底蕴，平素业医之外，尚好诗文，为当时上海著名儒医之一。其发表于《中医杂志》上的诗作多达四五十首之多，文学杂感（心潮录）达二十余篇。他还曾与秦伯未、严苍山、刘山农、严振声、叶楚伦、曹寅甫、高吹万、钱慈念、许盥孚、姚伯鸿、周心梅、周剑秋、王文濡、邵仲辉、耿伯斋、徐访儒、徐祖芬一起发起组织了文学社团沧社（社址位于沪杭车站南半松园，另设联系社员的事务所于石皮弄广益中医院）和心社（社址位于上海西门内大街庄家桥头王一仁寓所）。

王一仁曾任上海中医学会第一至第六届编辑长，上海特别市卫生局开业试验委员会委员等职。除了主编《中医杂志》《医药卫生月刊》《三民医药报》与杨志一合编《上海医报》之外，主要著作有《饮片新参》《三衢治验录》《内经读本》《伤寒读本》《方剂分类》等，并与阮其煜、董志仁合编了《神农本草经新注》。另有文章《霍乱寒热辨》《谷入多而气少，谷不入而气多论》《对章氏（太炎）霍乱论之商榷》《再答辩章氏霍乱之治》《临证笔记》等发表在《中医杂志》和《医界春秋》上。

严苍山

精文善医多才艺，苍生大医父母心

图 67　严苍山

严苍山（1898—1968），名云，号醉依，浙江宁海人（图 67）。出身于书香门第，医学世家，祖父为当地文人名士，父亲为乡里名医。严苍山青少年时期秉承父命，在家乡深山古庙中苦修三年，研读四书五经、诗文韵律与《内经》《难经》《伤寒杂病论》等经典医籍，奠定了医学理论的坚实基础。之后又感宁海地处偏僻，难以深造，于 1924 年到上海就读于上海中医专门学校，师承名医丁甘仁，与程门雪、黄文东、秦伯未等为同窗挚友。毕业后，任上海四明医院（今上海中医药大学附属曙光医院前身）中医师，次年和秦伯未、章次公、许半龙、王一仁等在贝勒路（今黄陂南路）创办上海中国医学院，投身于中医教育事业。1930 年，于上海蒲柏陆（今太仓路）寓所设“严苍山家庭医药顾问社”。

严苍山治学严谨，颇具卓识，从事中医工作近 50 年，对医术精益求精，主张业医者必须兼取百家，广搜博采，开阔视野。同时他认为中医学一定要推陈出新，跟随时代，多创治法，以应病变。他擅治急症、重症，于急性外感温热病尤所专长。严氏认为伤寒和温病是根叶相连，不可分割。破除前人之说，对汗、清、下治温三大法则有独到的用法；同时根据温病的变化规律，提出温病的“三护”法则防病于未然。他将汗法、清法、下法归纳为治温病的三大基本方法，无汗则发，有汗则清，腑结则下，三者不可偏废。治温以“三护”（即为护脑、护津与护肠）为主，犹如兵家之先发制敌，不使内邪有入传之机，确为卓有成效之创见。对于叶天士所创卫、气、营、血的温病学说，结合多年来治疗温疫急重病证的经验，提出了“在卫须顾清气，在气应兼凉血，杜其传变为上工”的观点，突破了叶天士的旧说，发展了温病的治疗大法，严氏善于继承，勇于创新的精神可见一斑。对于内伤杂病的治疗，严氏则擅长调理，常用北沙参，时有“严北沙”之称。自拟新方治疗慢性肝病、慢性肠炎、风湿性关节炎等病，均有独到之处。

苍山先生作为一代名医，秉性儒雅，擅诗文，精书法，能绘画，为当时沪上医界八大才子之一。常与医界同道秦伯未、章次公、程门雪等赋诗联句，相互赠送唱和。诗文之外，他还精于书法绘画，每日必临池习字，其书法风格飘逸沉着，于婀娜中显刚健，别具韵致。在绘画方面，曾得到潘天寿、王个簃、唐云等名家的好评。他历来认为医者涉猎宜广，最好通些琴、棋、书、画，可以提高修养，从中获得悟性，对做学问大有帮助。

苍山先生一生为人正直，痛恶国民党政府腐败残忍，他同情民主进步人士，在力所能及的范围内尽可能给予帮助。他与革命烈士柔石（赵平复）是少年密友，1928 年 5 月柔石离开宁海来沪避难，即在先生家中暂住，两人还一同拜访了鲁迅先生，曾为鲁迅先生治病。以后柔石常在严家小住，1931 年初柔石不幸被捕后，先生多次营救未成。后得知柔石牺牲的消息后，先生深感悲痛，说柔石是很有骨气的青年人。解放后，严苍山先生把冒险保存柔石的唯一遗像捐献给了上海市人民政府，现保存在宁海柔石纪念馆内。

苍山先生始终关心桑梓，热心于社会公益事业。1932 年宁海流行痢疾，先生得知后，便自费购置一批“痢疾散”“十滴水”捐赠宁海乡民。在抗日战争前，他又组织“宁海旅沪同乡会”，任理事长，发起护贫济急

图 68 《疫痉家庭自疗集》

捐款活动，救济家乡灾民。抗日战争期间，担任上海仁济善堂董事，负责难民收容所医疗工作。新中国成立后，他又主动放弃私人开业，组织卢湾区第二联合诊所，积极参加社会群防群治工作。曾任上海市中医文献馆馆员、上海市卫生工作者协会执行委员、上海中医学会常务委员兼秘书长，当选为上海市第五届政协委员。苍山先生在“文化大革命”中备受迫害，被非法隔离审查，1968 年 4 月 14 日含恨离世，终年 70 岁。粉碎“四人帮”后，于 1978 年 8 月由上海市卢湾区卫生局和上海中医学院联合召开追悼会，为他昭雪平反，恢复名誉。著有《汤头歌诀续集》《增辑汤头歌诀正续集》《疫痉家庭自疗集》（图 68）等，遗有《严苍山先生医案》稿。上海市卢湾区卫生局将其事迹及遗作收集整理，出版了《苍山劫》一书。

许半龙

博雅通儒，医文焕灿

许半龙（1898—1939），又名观曾，字盥孚，世居吴江芦墟司浜西岸（图69）。许半龙出生未及一年即丧父，赖母陈文英（当地名医世家陈仲威长女）抚养教育长大。20岁时，遵母命，跟随舅父陈秋槎、陈祥叔学医，深得吴江芦墟陈氏医学真传。1920年，许半龙经人介绍进入上海中医专门学校求学，拜于著名中医学家丁甘仁先生门下，研习孟河丁氏医学精髓，兼得其长，尤精外科，成为丁氏门人中之佼佼者，深受丁甘仁及学界同道器重。

图69　许半龙

1924年许半龙学成，于老家吴江芦墟镇设“师让小筑”悬壶开诊，服务乡梓。他医术精湛，为人谦和，深受当地居民的欢迎和赞赏。1925年春，应老师丁甘仁之召，重赴上海担任广益中医院外科主任。1926年1月，许半龙等人以上海中医专门学校会名义公开致电政府，要求中医教学合法化，加入学校系列，他们致电教育总长章士钊说“查今世界各国莫不以固有之文化为立国之要素。我国医学发明最早，其诊断则深切著明，其学说吉皇宏大，保障人民，历数千年之久，实我国固有之文化而不可磨灭。固中医有加入学校系统之必要。今贵部会议谓以不合教育原理不予照办，殊为诧异。夫以中医不合教育原理，则国内一切固有文化皆在摒弃之列，似此殊非国家贵有教育之道。务请贵部为发扬文化，保全民命计，复将原案郑重会议，定其所请。不胜迫切待命之至”。同时，他们也纷纷撰写文章或专著，对中医改革各抒己见，出谋献策。

1927 年，许半龙和王一仁、秦伯未、严苍山、章次公等人创办了上海中国医学院，继则在章太炎、殷受田、包识生等院长领导下执教，任训育主任、教授、医务主任、院董等职。同时，他还是中央国医馆的发起者之一，曾担任过上海市国医公会、吴江县（今吴江市）中医公会执行委员，以及各地医药刊物的特约撰述等。他学验俱丰，著述众多，留于后世的主要有《杂病处方法》《疡科纲要》《鸟瞰的中医》《药笈启秘》《中国外科学大纲》《疡科临床讲义》《中西医之比观》《内科概要》《内经研究之历程考略》《喉科讲义》《中国方剂学枢要》《中医诊断学大纲》等，其中《中国外科学大纲》（图 70）一书，经其师丁甘仁先生审阅后予以褒奖，称“予自寓沪以来，从游者不下数百人，而于外科一道，研求者盖寡。今是编行世，不独为吾门光，抑亦造福于病家者，殊匪浅显也”。

1939 年岁末，许半龙病殁于家乡，年仅 41 岁。总结其短暂而不平凡的一生，其贡献主要在以下三个方面。

图 70 《中国外科学大纲》

一是中医学术上的贡献：20 世纪上半叶，传统中医学饱受西方科学文化百般侵凌，在这样一个极其艰难的时代，身处中西医文化论争漩涡中心上海的许半龙，凭其深厚的传统文化功底，及其身兼吴江芦墟陈氏医学与孟河丁氏医学之长，通过著书立说，发表学评等多种学术研究方式，身体力行地投入到维护发扬中医学术过程中，并取得了显赫的成就。在许半龙二十余年短暂的中医学术生涯中，先后留给后人医学专著一余部，学术论文三十余篇，内容遍及内科杂病学、外疡科学、喉科学、方药学、中西医比较、中医教育等多个领域。

二是中医教育上的贡献：许半龙自 1925 年应老师丁甘仁之召，参与上海中医专门学校教学以来，一直投身于中医教育事业。任教上海中国医学院期间，他亲自参与外科、喉科的授课及教材编写，一直到其生命终点。许半龙在十多年的中医教育生涯中，一方面致力于倾心培养中医后继人才，另一方面积极探索中医教育模式，为近代教育的发展和中医人才的培养做出不可磨灭的贡献。

三是文学上的贡献：许半龙还是中国近代史上一位儒医兼通的学者，一生业医之外，还致力于国学文化。曾先后求学于大师章太炎、吴昌硕等，和柳亚子、冯有权、张梦痕、盛心如、陈去病、凌景坚、余十眉等文化界知名人士，与当时医界一些儒医兼修的名人，如秦伯未、王一仁、程门雪、严苍山等交往甚密，先后参加沧社、国学商兑会、南社、经社等著名文化学会。许半龙长于诗文，喜五言古体，诗作方面除《静观轩诗抄》刊行于世之外，还有《话雨篷业缀》《两京纪游诗》两稿（未刊行）。

章巨膺

躬耕杏林志不渝，德医双馨育桃李

图 71　章巨膺

章巨膺（1899—1972），又名寿栋，江苏江阴人（图 71）。自幼体弱，学生时代曾两次因病辍学，乃立志学医。曾在原籍投师习医，但获益甚微。1919 任上海商务印书馆编译所编辑，该馆附设东方图书馆，藏书颇丰，章巨膺在公务之暇得以广泛涉猎中医中药图书资料，坚持自学五六年之久。1925 年，师从中医名家恽铁憔，学乃大进。三年学成自设诊所于闸北，不久成名。章氏于《伤寒论》深有研究并有所阐发，对伤寒、湿热类病症提出“理法方药”新论点。临证灵活用药，首创中药喷雾法治疗麻疹。

章巨膺毕生致力于中医教育事业。1929 年，武进徐衡之（恽铁樵弟子）创办上海国医学院，章巨膺和陆渊雷、章次公、况味菊等均参与其事。除了担任事务主任外，他还在该校第一次开课讲授温病学。1933 年，章巨膺襄助业师恽铁憔创办中医函授事务所，主持教务，并主编《铁樵医学月刊》。1935 年恽氏病逝后，章巨膺主持该校全面工作，主办临证实习班，凡远途的学生短期集中学习，白天在门诊跟师临证，晚上专题讲座或疑难解答。为了夯实函授学员中医理论基础，定期举办经典理论的短期讲习班或专题讲座。该校有学员千余人，遍布国内外，特别对东南亚地区影响深远。此后章巨膺又任教于上海中国医学院、上海新中国医学院，1941 年起担任新中国医学院教务长，长期讲授伤寒、温病等课程，在此期间编写了《温热辨惑》等教材。他参以科学新方法，排比课程，延揽教授，中西合璧，使学校课程符合于当时教育部的规程和法令。

章巨膺性格宁静淡泊，不慕虚荣，不逐名利，不求闻达，孤芳自赏。他谦谦有儒者之风，但正气磅礴威武不能屈。1943 年秋，上海沦陷时期，他被一谣言案所牵累，为敌宪兵逮捕下狱，虽受非刑折磨，但始终不说一句话，不去连累别人，最后以智谋脱祸，此案遂结。人们既佩服他的智谋，更钦佩他的品质。

章巨膺先生从事中医事业三十多年，有丰富的临床经验和理论水平，尤其擅长中医内儿科。中华人民共和国成立后，历任上海第一中医进修班副主任、市第十一人民医院（上海中医药大学附属曙光医院前身）中医内科副主任、儿科主任。1956 年与程门雪等负责筹建上海中医学院（图 72），任教务长、中医研究班主任。

在学术上，他接受先师恽铁樵革新中医、发扬中医的学术思想，主张发皇古义，融会新知，折衷中西，提倡中西医结合。他始终认为中医学是有它独特价值的，在理论上是有缺陷的，中医学必须革新，继承研究发扬要与现代医学相结合，不能自卑，不能自负，不能妄自菲薄，不能故步自封，不能夸大，不能缩小。在这种思想指导下，在主持教务工作期间，加大西医课程的比重，使学生能掌握中西医两套本领。

章巨膺晚年主要研究《内经》理论和运气学说。认为《伤寒论》是对《内经》理论的运用和发展，强调要在学好《内经》理论的基础上学习《伤寒》；在伤寒与温病的关系方面，他强调温病属于伤寒的一部分，故章氏多据《内经》阐释《伤寒》，从《伤寒》而论温病；又曾发表《宋以来医学流派和五运六气之关系》一文，从五运六气的角度分析了中医各家学说形成的原因。他的著作主要有《儿病常识》《温热辨惑》《脉学

图 72 程门雪、章巨膺等在上海中医学院零陵路校区建设工地参加义务劳动

新论》《痧子新论》《应用药物词典》《医林尚友录》《伤寒疗养论》《世补斋医书按评》等。后期有《医学流派与“运气学说”的关系》《伤寒论方在临床上实验》《统一伤寒温病的认识》《关于进一步学习祖国医学的几个问题》等20余篇论文。曾参加《辞海》编辑工作，又曾编著《伤寒论辨释》《历代医论学》两书（未刊行）。

余无言

善教育桃李，精术济苍生

图 73　余无言

余无言（1900—1963），原名余愚，字择明，江苏阜宁人（图 73）。因原籍住处附近有射阳湖，故常于论著中自称“射水余无言”。自幼习读经史，少年时跟随父亲当地名医余奉仙学医，勤读医经，尤喜钻研仲景学说，博采前贤著述精华，18 岁后开始在阜宁益林镇应诊。

余无言受到当时西学东渐以及中医界衷中参西派的影响，1920 年前往上海学习西医。内科师从于俞凤宾博士，外科受教于德籍名医维都富尔。在此期间，他开始对中西医的融会贯通深感兴趣。1923 年返回故里继续业医，并在益林镇主办益林小学，自任校长。1927 年至 1929 年冬，曾应聘担任旧国民政府顾祝同军部第二师任军医官，转战皖、豫、鄂、赣诸省，主治以外伤科病证居多。1929 年冬，余无言辞去军职，第二次赴上海定居执业。他与《医界春秋》社负责人张赞臣先生合设诊所，并共同创办《世界医报》，以改进中医为夙志。1934 年，应中央国医馆焦易堂馆长的聘请担任该馆名誉理事兼编审委员，负责起草“外科病名表式”并颁布供全国中医试用。1936 年，应章太炎先生之请，担任苏州国医学校外科主任。并先后受聘于上海中国医学院、中国医学专修馆、上海新中国医学院等中医院校任教，主讲《伤寒论》《金匮要略》《中医外科学》等课程。1937 年，余无言与张赞臣共同主办“上海中医专科学校”，聘请谢观先生担任名誉校长，陈无咎先生任校长，丁福保、张伯熙先生先后任副校长，余无言任教务主任，张赞臣任总务主任。该校学制为三年制，共举办三届。除主管校务外，余无言还讲授《伤寒论》《金匮要略》等课程。在五年办校过程中，从未缺课，虽大雨滂沱，身衣淋湿，亦阔步上台讲课，受到同学们的爱戴和尊崇。在长期的教学生涯中，为中医培养了大批后继人才。后因中医教育事业备受国民党反动政权的摧残和限制，该校不得已于 1943 年停办。1947 年，余无言创办上海大同疗养院，自任院长，聘请丁福保先生担任名誉院长，开办不足二年，因经费不足而停办。

新中国成立后，余无言拥护党和政府的中医政策，1954 年应邀出席华东及上海市中医代表会议，他在会上即席发言，并向大会秘书处提出改进中医工作的四项提案。1956 年春，应卫生部中医研究院之请，由沪赴京主持中医研究院编审室（后改为文献研究室）工作，曾为卫生部主办之全国第一届西医学习中医研究班讲授部分课程，还参与审订中医九种教材。1958 年，奉调至北京中医学院任教，并参加北京中医学院“十大经典医著”的编纂设计。此外，还承担一些中央首长的医疗保健和会诊工作。晚年患高血压，于 1963 年 9 月，因脑溢血不幸在北京逝世。

余无言一生治学严谨，勤学不倦，诊治患者不论贫富贵贱，一概认真负责，急病人之所急，素为同道和患者亲属所称道。在数十年的医药实践中，他善用经方，亦善于融化经方、时方于一炉，辨证细致，断证明确，方治颇有胆识。对内外科病证尤较专长，特别是对于伤寒、温病、重症水臌、奔豚、血证、病毒、肠痈、肝痈等病证，有丰富的经验。并在长期临证过程中，创用了一些新方、经验方，为后学者所采用。

余无言在诊余之暇，经常为医报、医刊撰稿，除有关学术论述、临床治验报道、医事评论、医学小说外，还曾为捍卫中医的合法权益奋笔疾书，与余云岫消灭中医的学术主张进行论辩。自 20 世纪 30 年代至 50 年代，余无言编写出版了《实用混合外科学总论》《实用混合外科学各论》《伤寒论新义》《金匮要略新义》《湿温伤寒病篇》《斑疹伤寒病篇》共六种医著，另有《翼经经验录》(医案著作)尚未公开梓行。在上述著作中，又以《伤寒论新义》《金匮要略新义》(图 74、图 75)为其代表作，二书均突出“图表注释”，对仲景原文精义，多所阐发。在《伤寒论新义》自序中他说编写此书“方法有四：一曰以经注经，即举仲景原文纵横驰策，以相呼应也；二曰以精注经，即采诸家学说，择其精英以相发明也；三曰以新注经，即引西医之新说……以资汇通也；四曰以新注经，即以个人之心得及诊疗之经验，以资参考也。”反映了该书注释仲景原论的主要学术特色及其思路与方法。《伤寒论新义》的问世，受到中医界的极大重视，先后再版九次之多。早在初版时，当时中医界的前辈学术名家丁福保、谢观、陈无咎等就曾热心为此书撰序推荐，认为该书是对古籍整理、采用新法的积极贡献。

除医学外，余无言也擅长诗词，尤喜即兴赋诗，曾自印《愚盦诗集》多册，他对诸子百家，皆有涉猎，尤好读《庄子》《左传》《史记》《汉书》，著有《读庄随笔》《史汉新解》，可惜稿本已佚失不传。

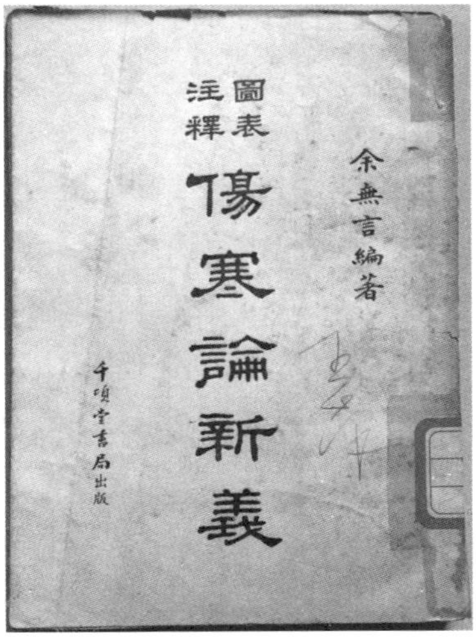

图 74 《伤寒论新义》

图 75 《金匮要略新义》

秦伯未

儒医世家，八绝奇才

图 76　秦伯未

秦伯未（1901—1970），原名之济，号谦斋，上海陈行人（图 76）。秦伯未出身于中医世家，祖父秦笛桥为晚清名医，父秦锡祺传承家学儒医皆通，为邻里乡亲解除病痛，医德高尚。秦伯未自幼勤奋，天资聪颖，从小在善文精医的祖父、父亲教导下诵读儒家典籍和中医药启蒙著作，并在祖父及父辈的熏陶下对诗词、书法、国画、金石均产生了极大的兴趣。

1919 年秦伯未考入由名医丁甘仁创办的上海中医专门学校，为该校第四届学生。在校期间，秦伯未深受院长谢观、教务长曹颖甫等人的影响，与曹颖甫结成了亦师亦友的深厚情谊。至毕业时，秦伯未不仅有很好的医学功底，其诗词、绘画、篆刻、书法都已蜚声校内外，与程门雪、章次公并称丁门三杰。

1924 年，秦伯未以该届第一名从上海中医专门学校毕业，他为中医奋斗一生的帷幕也正式拉开了。他先是在上海同仁辅元堂应诊，然而他不仅是一位出色的临床中医，在出版和编辑、医学教育等方面也表现出过人的天赋，并具有极强的社会活动组织能力。在丁甘仁的主持下，1924 年秦伯未与同窗丁济万、程门雪等一起参与筹备了上海中医书局，自编医书医刊，校订古籍，整理出版。其中最具代表性的就是秦伯未主编的《清代名医医案精华》，此书一经刊出，便广受欢迎，民国期间便被重印 3 次，中华人民共和国成立后迄今又多次刊印。他与方公溥主编的期刊《中医世界》亦为同时代的影响最大的中医杂志，当时几乎所有名医都为该期刊撰稿。

1928 年，秦伯未与王一仁、章次公、王慎轩、严苍山等共同创办上海中国医学院，掌管教务工作，教授《内经》。1932 年，秦氏在沪创立“中医指导社”，自任社长，主编《中医指导丛书》。1938 年，创办中医疗养院（我国早期的中医医院），为在校学生提供中医临床实习基地。同年，创办《中医疗养专刊》。在中医函授教学和普及中医知识方面，做了大量的工作。1951 年出任上海第十一人民医院中医科主任。1955 年调任北京，历任中央卫生部中医顾问，北京中医学院顾问、一级教授、院务委员会委员，中华医学会副会长，国家科委中药组组长，药典编辑委员会委员，全国政协委员，农工民主党第七届中央委员，第三、第四届全国政协委员等。

秦伯未一生勤奋好学，学识渊博，据传他能够背诵《内经》全文，具有深厚的《内经》理论功底，有“秦《内经》”之雅誉。同时在长期的实践中又积累了丰富的临床经验，尤其擅长内科杂病，在腹泻、水肿、痛证、发热、肝病、温病等病的治疗上疗效卓著，得到了广泛的认可。他强调要抓主证以明病机，再立法遣方用药，理法方药贯通，辨证精细，治法多变，处方稳重，用药轻巧，体现了孟河医派的医学思想。秦伯未勤于著述，代表作有《内经类证》《内经知要浅释》《临证备要》《中医入门》《谦斋医学讲稿》《清代名医医案精华》《清代名医医话精华》《膏方大全》等。

秦伯未不仅是著名的医学家，还是一位集诗书画印一身的文化艺术家。他早年即加入柳亚子、高天梅、陈去病发起的南社，其诗律之细，构思之速，常为人所赞颂，有“南社题名最少年”之誉。秦伯未还与陈存仁共同发起，组织了医家的诗社，名为经社。参加诗社的

图 77　秦伯未与“梅花本”

有程门雪、章次公、盛心如、徐小圃、叶熙春、方慎庵等，世称“经社八才子”。秦伯未 40 岁时曾出版《谦斋诗词集》，在文坛上也有一席之地，其诗词形式活泼，笔势新奇，在郑逸梅、顾国华等人的文学著作中均有论及。

秦伯未的书法宗赵子谦，故以“谦斋”为号。上海城隍庙大殿上有一副对联，即是他早年墨迹，其笔力跃然可见。他还有考古的癖好，对鼎彝碑帖如数家珍，研究较多。而在绘画方面，秦伯未也颇显功力，他善画梅、兰、竹、菊。1963 年，人民卫生出版社出版的《黄帝内经素问》(学界称之为“梅花本”，图 77)，其书封面的梅花，就是秦伯未亲笔所画。

医家乐意诗文酒，金石书画皆风流。医、诗、文、酒、金、石、书、画八项皆工的秦伯未，是一位近代医学史上不可多得的八绝奇才。

杨永璇

取精用弘重实践，一根金针美名扬

杨永璇（1901—1981），号静斋，江苏南汇（今属上海）人（图78）。幼读诗书，长而习医。17岁受业于浦东唐家花园王诵愚门下，白天随师临诊，听讲授课，晚上挑灯夜读，选篇背诵，悉心钻研，好学不倦，勤求古训，博览群书，学医数年，尽得王氏真传。

图78　杨永璇

勤奋好学的杨永璇善于创造革新，在学医期间，他就大胆提出改革火罐的设想，把老师用的鸟食罐、雪花膏瓶、乳腐瓶改制成大小不等的六只铜质火罐，出诊时可套叠一筒，携带方便又不易破碎。1921年回周浦以“针灸疯科方脉”悬壶应诊。此后为方便病人就医，他先后在上海董家渡、浦东三林塘等地设立定期分诊所。

1937年“八一三”抗战后，浦东沦陷，杨永璇迁居八仙桥行医，在金陵中路112弄福德里2号设立“杨永璇诊所”。专长针灸，兼理疯科，通晓内、外、妇、儿、皮肤诸科。当时八仙桥集中了最有名的三家中医针灸诊所，除杨永璇外，还有陆瘦燕和祝桥张氏诊所．形成三足鼎立之势。谁能立足八仙桥，就能名扬沪滨，但这并非易事。杨永璇初到八仙桥，还常常遭到地痞流氓的骚扰，正巧当时上海滩三大亨之首黄金荣生病，专车派人来接杨永璇到府上看病，施针用药后疗效显著，黄金荣大喜，特意赠送了杨永璇"妙手回春"牌匾，此后这些小混混再也不敢捣乱了。京剧名家周信芳听闻杨永璇有专攻嗓音失润之术，便慕名求助。杨永璇针药并用，周信芳的嗓音很快恢复正常，复能登台唱戏。"浦东帮"杨永璇终于凭着高超的医术，良好的医德，在激烈的行业竞争中，独树一帜，自成一派。他尤其擅长治疗中风偏瘫、历节痹痛、小儿麻痹症、急性腰扭伤、脚气病、软脚风、丹毒、痛风、鹅掌风、大麻风以及脊椎肥大等顽痹痼疾。以医技多样，医术精深，医德高尚，医风廉洁，著称于世，奠定了杨氏针灸的基础。他的学术思想和医术特点表现为：针药并用，内外同治；刺罐结合，活血化瘀；切脉望舌，四诊合参；重视经络，辨证施治；注重手法，善于补泻；调理脾胃，治病求本；擅治中风，通常达变；详审病因，善调情志。在临床实践中，杨永璇能熟练地运用中医理论、理法方穴针灸各种疾病，长期以来积累了丰富的经验，并在针灸领域中有所创造，有所发展，在社会上和针灸界有很大的影响和声誉。

新中国成立后，杨永璇毅然关掉自己的私人诊所，首批参加国家医院工作。1952 年任上海市中医门诊部特约医师。1954 年 8 月在上海市第十人民医院的南侧兴建当时上海唯一的中医医院——上海市第十一人民医院，杨永璇任针灸科主任。1960 年两院合并为上海中医学院附属医院——曙光医院，成为上海市十大综合性医院之一，杨永璇担任曙光医院首任针灸科主任，同时还担任上海市针灸研究所副所长、上海中医学院针灸系副主任、上海市中医学会常务理事、上海市针灸科学会主任委员等职。杨永璇在曙光医院针灸科兢兢业业工作了 20 余年，由一名身怀技艺的中医针灸名家成长为受人尊敬的针灸学家、社会活动家，曾被选聘为上海市卢湾区（今属黄浦区）第四、第五、第六届人民代表，上海市第四、第五届政协委员，1955 年荣获上海市先进卫生工作者，受到陈毅市长的嘉奖与周恩来总理的亲切接见。主要著作有《针灸治验录》《杨永璇中医针灸经验选》（图 79、

图 79 《针灸治验录》

图 80 《杨永璇中医针灸经验选》

图 80)。主要传人有杨依方、杨容、徐明光、陈慰苍、张洪度、葛林宝等。

程门雪

师承名医集大成，桃李满园有传人

图 81　程门雪

程门雪（1902—1972），名振辉，号九如，又号壶公，出生于江西婺源的一户富裕人家（图 81）。得益于父亲是当地有名的宿儒，自他的孩提时代开始，父亲就延聘饱学之士来教他四书五经、诗词赋曲，这使得程门雪从小就打下了深厚的传统文化根底，更为他日后在中医学术上的发展奠定了扎实的基础。

程门雪从 15 岁开始正式踏入中医之门，启蒙老师是当时在沪行医的汪莲石。谈及此位大师，他学宗《伤寒论》服膺于舒驰远《新增伤寒集注》，临证善用经方。汪莲石悬壶沪上，声誉隆盛，当时许多名医如恽铁樵、丁甘仁等都曾受教于其门下。程门雪初入医门，以他聪慧颖悟的秉性，得到老师的青睐和心传，尤其对伤寒证治有深刻体验。正是这段从师的经历，在他行医初期，形成了用药迅猛剽悍、大刀阔斧的风格。

彼时，汪莲石已皓首苍颜，更由于诊务繁忙，不能悉心授业，遂将程门雪介绍给同仁丁甘仁。丁甘仁为孟河四大名医之一，信从叶天士和薛生白的温病学说，临证用药以平淡轻巧见长，与汪莲石善用辛燥药的风格迥然不同，这也影响了程门雪行医后期的用药风格。

1916年，丁甘仁在谢利恒、夏应堂等同道支持下，创办了上海中医专门学校和广益中医院。程门雪入学就读，成为上海中医专门学校的首届学生。丁甘仁办学主张读书和临床相结合，要求学生融汇古今，这亦对程门雪未来的教育理念有较为深刻的影响，直至1921年，程门雪以优异的成绩毕业，其早年的学医之路就此告一段落。

程门雪自上海中医专门学校毕业后，便开始留校任教并从事临床工作。1956年，他被任命为上海中医学院首任院长。上海中医学院是中华人民共和国成立后国家首批建立的四所中医高等院校之一，在办校初期由于没有现成的经验也没有可借鉴的固定模式，各种问题接踵而来。由于对中医院校发展方向无法定向，曾掀起一阵短期实现中西结合的潮流。而程门雪先生认为，中医应该现代化，不能西医化。为此，他提出了“学习中医首先要做好继承，没有在继承上狠下功夫，就谈不上整理发扬，继承是发扬的基础，发扬是继承的目的”的办校方针。他曾说过“中医的发展首先还得老老实实地做好继承工作，继承要求全面，要求系统，要求分析，要求实践，只有在全面、系统、实践、分析的基础上才具备发扬的条件。如果离开这一基本条件，就很容易陷入穿凿附会甚至喧哗迷惑的可悲风尚”。

国医大师裘沛然曾在文章中写道：“程老在平时的教学活动中，事事以身作则，身先士卒，他的敬业精神，足堪垂范杏坛。他早年初执教中医专校之时，每当走上讲坛，就抱着不敢误人子弟的忠诚，全力以赴，呕心沥血地编写《金匮》教材和《伤寒论歌诀》，其说理精辟，切合实际，质量之高，当时已誉满医林。”可见，程门雪先生对于中医的教育教学，不仅从理念上，更通过亲身实践，给后人们做出极大贡献。裘沛然说，程门雪先生时常与学生深入交流，听取学生意见，了解学生的思想和学习进度；更多次于老师的教学课堂中听课，掌握老师的教学水平，深入教研室，帮助提高教师的学术水平。“鹤发银丝映日月，丹心热血沃新花”，程老的诲人不倦，对当时上海中医学界的传承与发扬起到了不可磨灭的推动作用。

程门雪钻研各家学说，深得《内经》《金匮要略》以及叶天士学说之精华，毕生致力于伤寒、温病学的研究，触类旁通，综合运用于临床而有所发展，自成一家，为医林所推崇。程老早年任职广益中医院期间，患者多重危急症，用药以骤猛见长；中年自设诊所，用药则简练轻灵以治“膏粱之躯”；晚年，病人来自各阶层，体质各殊，用药复方多法兼顾，融合经方时方，灵活运用。

1956—1966年，程门雪先后担任市中医学会主任委员、中共中央血吸虫病防治领导小组中医中药组组长、第二届、第三届全国人大代表等，曾受到时任中共中央主席毛泽东、国务院总理周恩来等中央领导人的接见。其生平著作颇丰，出版有《金匮篇解》（图82）《伤寒论歌诀》《妇女经带胎产歌诀》《校注未刻本叶氏医案》《程门雪医案》《程门雪诗书画集》等。此外，他喜好金石，精书画，工诗词，晚年有“晚学轩”“补读斋”等斋号，取勤奋学习、至老不倦之意。

图82 《金匮篇解》

程老一生勤勉，待人诚恳，医德高尚，于中医学有很深的造诣，对传承与发扬中医这一中华民族的瑰宝有着深刻的历史、社会承担。程老虽已离我们远去，但他所守护、在意、体现的精神、传统、风骨，仍指引着一代又一代的杏林学子们跟随者他所留下的灯火缓缓而行。先生之风，山高水长。

黄文东

正谊明道暖杏林，仁心化作书墨香

图 83　黄文东

黄文东（1902—1981），字蔚春，江苏吴江（今属苏州）人（图83）。他天资早慧，少年时便酷爱中医专业，14 岁时便考入上海中医专门学校，受业于孟河名医丁甘仁先生门下。其勤奋好学，在攻读古典经史方面下过苦功，对医学典籍的理解尤深，讲解尤切，又乐于助人，同学们在学业上每有疑难，总爱向他请教，久之赢得了“小先生”的美誉。黄文东成绩优异，备受丁甘仁的钟爱，尽得业师薪传。1921 年毕业时，成绩名列榜首。

同年夏，黄文东返回原籍吴江县震泽镇悬壶济世。10 年中活人无数，深受当地群众爱戴。1931 年应丁济万（丁甘仁先生长孙）校长邀请，返回母校执教，任教务长，并主编和主讲《本草》《伤寒论》《金匮要略》《妇科学》《儿科学》《名著选辑》等教材和课程，可以说是支撑了学校的半壁江山。黄文东教学从来不疾言厉色，对学生既严格要求，又毫无保留地传授经验。对学生的作业，除了认真地加以批改圈点外，还酌加评语以资鼓励。作业发还时，他还找学生进行个别辅导，因材施教，对可取之处加以鼓励，对存在的问题亦作具体剖析。前后凡17年，直至1948年该校停办为止。

执教期间，黄文东同时开业于上海武定路寓所。新中国成立后，他不顾年老体弱，夙兴夜寐，忘我工作。于1960年参加中国共产党，同年出席全国文教战线群英会。1978年又出席全国科学大会，为主席团成员，并荣获大会颁发的奖状。历任上海中医学院中医内科教研室主任、附属龙华医院内科主任、上海中医学院院长、中华全国中医学会副会长、上海中医学会理事长、上海市政协委员等职。1980年冬，黄文东因患肿瘤动了手术，在家里养病，还动了白内障手术，医嘱要他减少用眼。但是为了审阅研究生论文，他戴了老花眼镜，又拿着放大镜，花了整整三个上午才把一万多字的论文审阅完，用工楷进行修改润色，连标点符号的差错都不放过。

黄文东主要著作有《丁氏学派的形成和学术上的成就》《黄文东医案》《黄文东论医集》等。尚有临床运用调理脾胃的经验、活血化瘀用药配伍的经验、李东垣学说探讨等论文著作20余篇。此外，他还主编全国中医院校《中医内科学》教材和《著名中医学家的学术经验——中国现代医学家丛书之一》等著作。黄文东对《内经》《难经》和仲景学说，深入探索，而对李东垣、叶天士的著作，亦有深邃的钻研。他治疗慢性疾病，首重调理脾胃，强调调整脏腑之间升清降浊的功能，把握阴阳五行相互制约、相互依存的关系。临床处方不矜奇炫异，而尚平易和实效，常挽逆证于轻灵之方，起沉疴于平淡之剂，使病人免除循方觅药之苦、配药难全之忧、疾病缠绵之痛。为此，常为同道和学生所称颂。他也把自己跟师学习的经验毫无保留地传授给学生，他认为跟师学习之前要对学过的功课进行回顾，理清头绪，掌握要点，提纲挈领。如果事先不作准备，就会对老师的临证处理茫然无绪；事先有了思想准备，带着问题下临床，就会收到从理论到实践、又从实践回到理论循环递进的效果。通过一一印证，举一反三，这时，一种心领神会、豁然贯通的感觉就会油然而生。

传薪续火的意义在于不断总结前人和自己的经验并发扬而光大之。黄文东认为：老中医的经验既是在不断发展之中，那么向老中医学习经验，当然就没有终止的一天；老中医作为一个个体，生命是要终止的，但作为一个群体，永远不会终止，一批老中医谢世了，新一代老中医又会产生。老中医世世代代不会穷尽，学习老中医经验就永远没有终止的期限。作为老中医，应该“春蚕到死丝方尽”；作为教师，应该“红烛一生唯奉献”，诲人一世，终老不倦，将自己的经验毫无保留传给下一代，成为永不枯竭的长流水（图 84）。

图 84　黄文东带教学生

章次公

皇古融新，卓然一家

图85　章次公

章次公（1903—1959），名成之，号之庵，出生于镇江丹徒大港村（图85）。他的父亲章峻（极堂），前清秀才，曾去日本某士官学校留学半年，清代末年参加了江苏省新军第九镇，隶属革命志士赵声（伯先）部下，任镇江象山炮兵营长，并加入了同盟会。其后赵伯先受到两江总督端方的排挤，极堂先生也回归故里，隐居乡间，郁郁离世，留下家训：不过问政治；学好古文，将来从医；强健体格，习文练武。12岁的章次公遵父庭训，开始学习《内经》《伤寒论》等中医经典著作。

幼年丧父的章次公，由母亲抚育成长。1920年，章次公17岁时考入丁甘仁创办的上海中医专门学校，开始了他的医学生涯。丁甘仁先生是常州孟河人，孟河医派的代表人物，与章次公的故乡镇江大港相距不远，可谓同乡。章次公就读上海中医专门学校时，深受丁甘仁先生器重，毕业后留校任教研工作。章次公最为膺服丁甘仁和余听鸿两位孟河医家，身处这样的学习环境，自然从孟河医派汲取了丰富的营养。章次公毕业后又师从江阴经方大家曹颖甫，曹颖甫先生毕生研习仲景学说，著有《伤寒发微》《金匮发微》《伤寒实验录》等，临证应用经方，大刀阔斧，对章次公影响颇深。章次公还是晚清国学大师章太炎的学生，章太炎出身于“三世皆知医”的书香门第，深谙印度佛家“因明学”，并把这一思想传给了学生章次公。章次公研习国学，学习梵文，又在太炎先生的引导下接受现代医学。章太炎非常赏识章次公，称他看病“胆识过人”，说他的脉案“笔短如其人”。章次公改“成之”名为“次公”，足见其非常崇拜太炎先生。章太炎大师对岐黄之术、仲景之道的研究，朴实无华的治学方法，使章次公受益匪浅。

1925年，毕业后的章次公在上海广益中医院从事诊疗及教学工作三年，积累了丰富的临床经验，逐步形成了自己的学术风格，处方“简、便、廉、验”，用药大胆泼辣，活人无数，章次公不到30岁就已经名扬沪上。1927年，他离开广益中医院，来到上海世界红十字会医院，任中医部主任，并与王一仁、秦伯未等创办了中国医学院，亲授药物学。1929年夏，与徐衡之、陆渊雷共同创办了上海国医学院，以“发皇古义，融会新知”为院训。他讲课着重于联系实际，常选辑医案，加以按语，作为补充教材，既丰富了教学内容，又可作为从理论到实践的桥梁，便于学生理解。他认为古人医案中，在治效方面有很多渲染浮夸之处，不能尽信，尤其失败病案，百难得一。因此，他在教学中，既说成功经验，也讲失败教训，尤其是将自己失误的医案，详叙始末，汇编成集，既以律己，亦希望他人引以为戒，公诸教学，不计毁誉。

上海沦陷之后，章次公的生活比较拮据，但是他拒绝敌伪机构委任的重职，声明宁可全家饿死，也不当汉奸。他自立门户，悬壶济世，非常体谅穷人，每天规定时间专为穷人诊疗，不收取医疗费；无钱买药者，还可以拿着他签名的药方到指定的药店去配药，无须花钱，由他结算药资，深受广大平民的尊敬和爱戴，在上海素有“平民医生”之赞誉。他参加抗日救亡运动，曾资助几位热血青年去敌后参加革命。抗战胜利后，国民党当局歧视中医，不扶持中医，甚至采取了取缔中医的政策，他对此深恶痛绝，对家人说：“国民党不亡是无天理，中医如亡亦无天理。”

新中国成立后，章次公进入上海市第五门诊部工作，任上海市中医门诊部特约医师兼中医师进修班教师。1955 年冬应邀赴京工作，历任北京医院中医科主任、卫生部中医顾问、中国医学科学院院务委员。1958 年兼任北京医院中医科主任，被选为全国第三届政协委员。还担任保健局中南海保健医生，承担党和国家领导人的保健工作。章次公对本草深有研究，早年讲授药物学，编有《药物学》四卷（图 86），撰有《诊余抄》《道少集》《立行集》《杂病医案》《中国医学史话》等，另与徐衡之合辑《章太炎先生论医集》。1980 年，门人整理出版《章次公医案》一书。1999 年，门人朱良春等汇集其遗著、医案等出版《章次公医术经验集》。

图 86 《药物学》

董廷瑶

传世青囊医垂髫

董廷瑶（1903—2002），出生于浙江鄞县董家跳村的中医世家（图87）。翻阅董氏家谱即会发现，董氏的家学渊源可追溯至清嘉庆年间：第一代董云岩，宗谱云："云岩系出名宗……并能医治病，惠及乡里。"第二代传人董丙辉，宗谱云："壮岁兼医，善治内妇，更专儿科。"第三代传人董水樵，宗谱云："杏林之精，芳名远播。"

图87　董廷瑶

作为董氏第四代传人，董廷瑶自幼便承庭训，得父祖亲自授业，勤诵经史子集，唐宋范文，进而能文作赋。15岁起，严父董水樵亲自督教医经典籍及汉唐方书，教其精读《素问》《灵枢》，而后阅尽各家学说。又带领董廷瑶遍访名师，博采众长。及弱冠之年，其父不幸病逝，董廷瑶临危受命，继承祖业，独立应诊，以其家学渊源，医术精湛，名闻江浙。21岁那年，已是当地名医的董廷瑶遭土匪绑架，藏至奉化深山之中，以8 000银元破财消灾后，董廷瑶深感身居乡野的危险，举家搬迁至宁波城内。日往月来，又以其医术名扬全城。

1937年抗日战争全面爆发后，宁波遭日寇轰炸，董廷瑶全家逃难到上海租界。他原本打算等战事平息就回故乡，不成想在上海开诊以后，求医者众多，就一直在上海行医直到百岁终寿。在此期间，董廷瑶“大缸分药，灭一城麻疹”的故事声名远播。在1958年的冬天，沪上麻疹大流行，总发病人数达50余万，死亡率一度高达10%。当时有不少麻疹患儿分明已有好转的趋势，病情却突然转危，甚至导致死亡。董廷瑶经过观察，发现这些患儿往往只在身上有红点，脸上却发白发青，和普通患儿满脸通红的情况大相径庭。他认为，这是气血阻滞、疹毒无法外泄所致，于是拟定了托毒透疹的治疗方案，采用王清任《医林改错》中的解毒活血汤，经过辨证加味后给这类麻疹患儿服用，达到了理想的效果。然而由于药少人多，董廷瑶令人用大水缸熬药，然后装在小瓶里分发给患儿。此后，患儿的死亡率快速下降，一城麻疹的危机就此度过。

一年后，董廷瑶晋升为沪上首批主任医师之一，其诊治思想也逐渐形成一个独特的体系。诊断上，谓小儿有病，不能自诉，故称为哑科，因此儿科四诊中强调望面诊分部。而立法遣药上，他又注重顾护脾胃，在此基础上，他提出“小儿用药六字诀”，“轻”居首位，提出“幼儿芽嫩弱质，脏气清灵，随拔随转，药石治病，用量宜轻，中病即止，毋犯胃气，贵在清灵平和”，故其处方用药轻灵，却又每获奇效。

图88 《幼科刍言》

董廷瑶从事中医临床70余年，学验丰俱，著有《幼科刍言》《幼科撷要》(图88)。其主要学术论点可概括为“九要”：明理、识病、辨证、求因、立法、选方、配伍、适量、知度。九点环环相扣，在临床实践形成一个完整的理论体系。他强调明理，认为医者务必掌握生理病理、脉舌之理、方药之理等整套医理，明理方能识病，认识疾病的发生发展和中医的诊治规律，为诊治疑难病症提供思路。辨证求因是中医治病的关键，通过四诊，从外到内，见证推理，以常衡度，从而作出正确的诊断。立法选方配伍，则需丝丝入扣，对症下药。最后指出疾病之发生发展有常有变，小儿之病，传变多端，病变则法也当随之变，所谓“检谱对弈弈必败，拘方治病病必殆”。董廷瑶以这套理论教导后辈，必须熟读经书，揣摩医理，临证细审详察，掌握九诀，明理识病，辨证求因，见微知著，方不误人。

自舞象之年开始习医，董廷瑶经过成千上万人次的诊疗实践，终在诊治小儿热病，痧、疳、惊、痫以及腹泻、哮喘等常见病方面，积累了丰富的经验，创造了独特的诊疗方法，并达到了显著的治疗效果。在这风风雨雨 80 年的从业路上，董廷瑶以其渊博的学识、精湛的医术、和高尚的医德，救治危重病儿无数，当之无愧为当代中医儿科学的泰斗。

正如董廷瑶的中医诊所以“幼幼庐”为堂名，其自号幼幼庐主，董廷瑶一生奉行他“幼吾幼以及人之幼”的座右铭，发扬光大了传承百年的家学医术。在躲避世道危机的风雨路上，董廷瑶与董氏儿科的传人们化身成为患儿的一盏盏明灯，守护了他们成长的道路。

陈道隆

厚德济世，大道隆兴

图 89　陈道隆

陈道隆（1903—1973），字芝宇，浙江杭州人（图 89）。少时聪颖过人好文词，精书法，立志业医，扶厄济世。1919 年浙江省开办中医专门学校，规定 18 岁以上才可报考，陈道隆虚报 2 岁应试入学。五年寒窗苦读，毕业考试成绩名列榜首，被聘留校任职。24 岁时擢升附属医院内科主任，兼任校董监督，授予教授职称。

1924 年杭州瘟疫流行，死者接踵，一时社会上人心惶惶。而当时抗生素还未面世，西医因此束手。面对凶险的疫情，陈道隆凭借中医药的特色和优势，提出了一套切合实情且行之有效的治疗法则，救治了众多病家。于是，陈道隆的名字就在杭州城中家喻户晓，童叟皆知。

1937 年，日寇侵占杭州，陈道隆不愿就任杭州“维持会长”，来沪避难。起初只在金陵中路大成里居所为相熟的亲友看病，不公开挂牌。却也不胫而走，在社会上名声日隆，求诊者众多，载誉社会上层，一时间商贾显贵趋之若鹜。然而他却十分体恤贫病患者，每日规定义诊一二十号，分文不取，专为贫苦民众服务。他常告诫学生："对病人要极端热忱、负责，病人没有贵贱贫富之分，必须一视同仁。"陈道隆绝不趋炎附势，即使当时的权贵如杜月笙、黄金荣，后来的高官显要如吴国桢、宣铁吾等，来大成里诊病，也必须事先预约，排队候诊，达官贵人无一不例外。

陈道隆对进步文化人士格外仰慕，如与鲁迅、郑振铎等情谊深厚，互有书信往来，也为他们治病给药。他与著名书法家、诗人、学者沈尹默先生是近亲，过从频繁，情谊至笃，他的书法甚得沈尹默的赏识。上海沦陷时，郭沫若从日本归国，途经上海，拟去重庆，当时日寇与汪伪特务皆有意加害他，便躲进沈尹默先生当时的愚园路美丽园寓内。一日，沈尹默先生密电道隆先生，嘱速带长衫、马褂各一件到沈家，让郭穿上，打扮成一老中医模样，因道隆先生在租界汽车有医生特殊通行证，由陈护送郭到吴淞口码头，目送郭上船离沪。

陈道隆成名后，对后辈从不颐指气使，而是热情扶持，全力提携。有一年，某纱厂老板的家庭教师病倒，因贫困请不起名医，请了初出茅庐的青年医生王正公。老板知道后，恐病情有误，另请了名医陈道隆赴诊。陈道隆为病人诊脉后，正要开方，忽见桌旁有一张已经开好的药方，遂问："这方子是谁开的？"当被告知实情后，他喜形于色地说："好，好，后生可畏，你们就照他的方子服药，病管保会好的。"同时退还出诊费 16 块大洋。病人吃了王正公的药，果然病愈。事后，王正公得知自己受到陈道隆赞赏，颇为感动，特意与病人一起登门致谢。

杜月笙亦十分器重陈道隆。解放前夕，国民党军队溃退台湾，杜月笙离沪赴港前，曾劝说陈道隆同行，并买好赴港机票，为他在香港安排了住所和汽车。陈道隆思考再三，决定留在内地，为新中国的中医事业贡献力量。

新中国成立后，陈道隆受聘于广慈医院（现瑞金医院）、华东医院任特约顾问，毫无保留地把自己精湛的医术传授给西医同行。西医内科泰斗邝安堃教授执师贽礼相事，开展中西医结合研究，一时传为沪上医界佳话。陈道隆精湛的医技，挽回了许多重症病人，令邝老折服，他曾撰文回忆："陈老师成功地将这样危重的黏液性水肿的昏迷病例治愈，我们

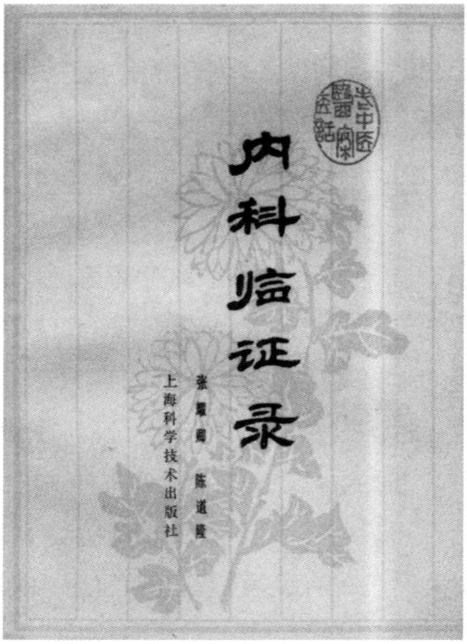

图 90 《内科临证录》

极为惊奇，即使医学文献所载，如此情况，也鲜有生者。”1962 年，广慈医院将这些重症病例在院内展示，公布于众，褒扬了传统医学的奇迹。

陈道隆主张治病不拘一格，要立足于本，对理、法、方、药，辨证论治，运用自如。平素用药以轻灵见长，对垂危病人施以大剂重任，疾病突发时当机立断，蜕变时勇起直追，缓解时因势利导，消退时培元固本。他既用时方，又善用古方，早年以善治伤寒温病著称，移居上海后，以治理内伤杂病为主。50 余年的医学工作，使陈道隆积累了大量资料，其中有医论、医案、医话等各种心得体会，内容涉及内、妇、儿、伤、骨科等各种病症。可惜这批遗产未能保存下来，现仅存《陈道隆医案》《内科临证录》（图 90）两本著作和少量笔记。

石筱山

妙手扶桑梓，神术除顽疾

图 91　石筱山

石筱山（1904—1964），原名瑞昌，字熙侯，祖籍江苏无锡，生于上海（图 91）。祖父石蓝田，年轻时精通武艺，后在农村为人治伤正骨；父亲石晓山继承家业，并从伤科发展到针灸和疡科，医道驰誉江南，曾被推选为中华医学研究所评议员和中国红十字会特别会员。石氏伤科始于清末太平天国期间，以独特的正骨复位和独创的伤科内治验方，成为南方伤科的一大流派。石筱山年少时，曾就于读于神州中医专门学校。后秉承家学，侍诊于父石晓山先生案侧。

石筱山约于 1924 年独立行医，专治内外伤疑难杂症，尤善治疗骨折伤痛，为上海有名的中医伤科流派之一，驰名江浙。22 岁时设诊所于上海南市新街，周围住户多为码头搬运、建筑和人力车工人，筋骨损伤者多经石筱山诊治而愈，于是名声大振。“八一三”事变后，诊所迁至当时的法租界吕宋路（今连云路）五福里。石筱山治伤，除继承家传经验外，更汲取各派之长，以伤科为主而兼针灸、外科。治疗重视整体调理，内外兼顾，动静结合，标本并施原则。对外伤筋骨，内伤气血及伤科杂证，灵活应用治疗方法：或针刺，或外敷，或固定，或多管齐下，并施内服汤药。石氏认为损伤以后，瘀血为患，宜治血为先，但攻逐不能伤正，康复更须扶助正。石筱山又认为损伤亦有虚实之别，虚人受伤是本虚标实，重伤瘀着亦是本虚标实，积劳所致的劳损或劳伤更是以虚为主。石筱山还注重治伤须留意兼邪，诸如风寒痰湿之类。其弟幼山先生则重从痰取治。气滞血瘀，失于流畅，即易成痰，痰瘀胶凝致使症情顽笃，慢性损伤易有外邪兼夹，也使痰浊湿滞留注骨节筋络，生诸变证。内服外治顾其治痰能使疗效更见显著。

石筱山对正骨复位手法的运用独具匠心，精通摸、接、端、提、按、摩、推、拿八法，做到“肌触于外，巧生于内，手随心转，法从手出”。能以纯熟的技巧使损伤的骨节、肌肉、筋络，离者合，斜者正，陷者起，突者平（图 92）。石氏整复髋关节脱位，采用仰足蹬法，具体操作方法：患者取仰卧位于地上，地上预铺好床垫床单，一助手用二手压在髂前上棘处以固定骨盆；第二位助手提起患肢，使患肢呈屈髋、微屈膝，小腿踝处夹于助手腋下，二手置于膝关节上下固定患肢并作拔伸；术者二手也置于腿膝部作拔伸牵引，而将一足踩于患侧腹股沟处，在牵引患肢同时，将脱出的股骨头向外向下踩蹬，当股骨头移至髋臼时，在牵引下屈曲髋关节，这时股骨头即能滑入髋臼，使复位成功。石筱山认为手法是伤科外治的一个重要环节，多用于筋骨之伤。《医宗金鉴·正骨心法要旨》云：“夫手法者，谓以二手安置所伤之筋骨，使仍复于旧也。”由于条件限制，以往伤科手法多数是在不用麻醉的条件下施行，因此，要求手法准而快，有

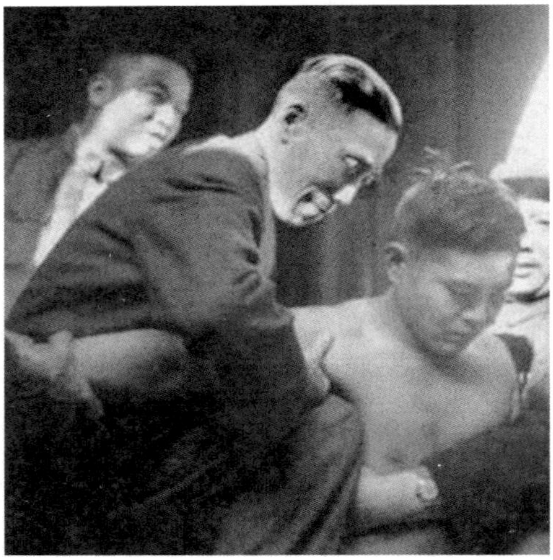

图 92　石筱山为患者进行肩关节脱位复位术

力而又稳当，所谓“法使骤然人不觉，患如知也骨已拢”。石筱山对家传的“三色敷药”、“消散膏”进行了提炼改良，并发展了一系列行之有效的内服验方，这些药膏、药方对骨折、脱臼、脑震荡、胸肋内伤等颇具疗效，为外科医师广泛采用。

1952 年石筱山任上海市公费医疗第五门诊部（后改为岳阳医院附属门诊部）特约医师，破除世代家规，开始接受国家分配的学生，并公开石氏治伤秘方。1956 年上海中医学院成立后任伤科教研组主任，兼附属龙华医院伤科主任。此外，任上海市卫生局伤科顾问，上海第一医学院伤科顾问，华东医学院伤科顾问，中华医学会理事，上海市中医学会副主任委员兼伤科学会主任委员，中国人民政治协商会议第二、第三届全国委员会委员等职。

石筱山除了从事临床工作外，五十年代起潜心整理文献，研究理论，对伤科的史略，病因、证治等深加探讨。著有《从医史中认识祖国伤科的成果》等伤科发展史文章六篇，以及《病因及伤科病因的探讨》《筋骨损伤治略》《祖国伤科内伤的研究》《伤科论治一斑》《脑震伤的理论探讨》《石氏伤科经验介绍》《伤科讲义》《石筱山医案》等。

张赞臣

杏林喉舌卫医魂

图 93　张赞臣

张赞臣（1904—1993），名继勋，晚年自号壶叟，江苏武进蓉湖人（图 93）。家中世代操医学为业，传承几世，家学渊博。他自幼承庭训，熟习古文，遍览群书，受其祖育铭公、其父伯熙公教诲，早早就在医学方面奠定了基础。

张赞臣 16 岁时随父来沪，为了博采众长，起先是就读于上海中医专门学校，复又转学于上海中医学院。年方弱冠，背井来沪，但由于张赞臣的勤恳好学，以及他的颇多创见，学生时代已深得名医谢利恒、曹颖甫、包识生等诸多前辈之器重，师从于名家而集各家之长，张赞臣学业猛进，医术日精。1926 年毕业后，悬壶沪上，临床治疗屡有佳效，深受患者的爱戴。他精于内、外、妇、儿、五官各科，尤以外、喉科见长。后受聘于中国医学院，任医史、诊断学、本草学等课教授。

1926 年，张赞臣与同学杨志一、朱振声以“结合国医同志，共策学术之进展，增进民族之健康；唤醒同仁，团结一致，抗御外来侵略”为宗旨，创办了“上海医界春秋社”，并担任执行主席，使之成为中医近代史上持续时间较长，活动范围较广，有着重大社会影响的中医学术团体之一。社团又先后创办了《医界春秋》、中国医药书局、中国制药社和上海国医讲习所，直到 1937 年，因日本入侵上海才终止活动，历时长达 11 年。期间，共出版《医界春秋》杂志 123 期，畅销海内外，是解放前历史长久、影响深远的中医刊物之一。

在“上海医界春秋社”创办期间，中医学界遭遇了事关存亡的巨大动荡。1929 年 2 月 24 日，国民党政府召开的“全国卫生会议”中有人提出“废止中医案”，一时间舆论哗然。张赞臣联合上海中医药界奋起抗争，以“医界春秋社”之团体名义，首先发出全国通电予以反对。与此同时，《医界春秋》第一个披露了“废止中医案”的阴谋。1929 年 3 月 17 日，上海举行全国医药团体大会，推举谢利恒等五人赴南京请愿，张赞臣任随行秘书。会上成立了全国医药团体联合总会，张赞臣被推为执行委员兼宣传部主任，经口诛笔伐，大造声势，迫使国民政府撤销“废止中医案”原案。《医界春秋》为此出版“中医药界奋斗号”专刊（图 94），后又编成了《废止中医案抗争之经过》，详细记录事件经过以告国人。1935 年，汪精卫又蓄意废除中医中药，在其与孙科的信件往来中，欲阴谋阻挠允许中医合法存在的“国医条例”颁布，张赞臣设法获得此密谋信件，冒险将原件影印披露，并在该刊第 105 期的封面撰文《鸣鼓而攻》严词批驳，在中医药界引起极大震动。4 个月后，强大的舆论压力迫使南京国民政府终于颁布“国医条例”。《医界春秋》一时被中医同道称赞为“中医之喉舌，吾道之干城”。

图 94 《医界春秋》

新中国成立初期，又有人提出所谓“改造中医”的方案，实则是为消灭中医。

张赞臣得知后，立即以上海市中医学术研究会的名义召开座谈会进行讨论，并将会议内容整理成“中医科学化”的小册子分发到全国，产生了极大的影响。以此，“团结中西医”政策才得以在第一次全国卫生会议上确定，才有了如今中医事业医教研蓬勃发展的局面。

除了参与拯救中医中药，张赞臣在学术上亦有一套治学的理论。他为人诚笃，治学严谨，既重视前人根据临床实践总结之理论认识，又能在自己处方遣药的经验基础上，不断提高与发展。他从事临床工作的六十多年中，一直提倡弘扬中医传统特点，汲取现代医学之长，临床治疗参用西医学诊断手段，总结临床经验，采用现代认识和方法，医道益精。首创“舌下经脉诊察法”，创制“金灯山根汤”“养阴利喉汤”“前胡玉屏汤”及外用“喉科牛黄散”“银硼漱口液”等多种喉科验方。在临床上，注重结合整体，着重肺胃，用药轻灵，处方周密，重视顾护正气。晚年主编《中医喉科集成》巨著，还撰有《中国历代医学史略》《中国诊断学纲要》《张赞臣临床经验选编》《咽喉病新镜》等专著10余种，以及医话、养生、临床总结等学术论文数十篇。

历经国家百年变迁，张赞臣一片赤子之心紧紧牵系中医事业的浮浮沉沉。在杏林的几度春秋里，他不只是一名医者，更是一名卫士，持着唇枪舌剑捍卫了中医学千百年来的传承，守护了世世代代中医学者的魂魄。他是继承者，亦是护卫者，更是开创者。

朱春霆

一指禅功蜚沪上，力透溪谷妙回春

朱春霆（1906—1990），字维震，江苏嘉定（今属上海）人，为嘉定黄墙中医外科的第六代传人（图 95）。据史料记载，早在 19 世纪末，黄墙朱氏的疡科已名扬江南。朱春霆幼承庭训，11 岁就读完了四书五经、《史记》《汉书》等大量古籍，12 岁由其父亲朱芝孙授《黄帝内经》，并随父侍诊，研读中医经典著作。17 岁父殁，遂转而拜推拿大师丁树山为师学习推拿医术，勤学苦读四载，获得一指禅真传，从此开始了其推拿行医生涯。

图 95　朱春霆

推拿是中医的治疗方法之一，具有悠久的历史。而一指禅推拿更是众多推拿流派中的佼佼者。一指禅推拿是以一指禅推法作为临床操作的主要手法，来治疗疾病的推拿方法。“一指禅”是佛教禅宗的用语，意为方法归一。相传为距今 1 400 多年前（相当于我国南北朝时期）的南天竺国（现印度）天竺禅宗第二十八祖——菩提达摩所创，并由达摩来华传经时传入我国。目前传世的一指禅推拿传承脉络，可上溯至清朝咸丰年间（公元 1860 年后）的河南少林高手、一指禅推拿名医李鉴臣法师。传说李氏曾为清宫御医，1861年李氏至江苏邗江，将一指禅推拿术传给丁凤山，丁凤山得李氏真传，著有抄本《一指禅》，丁凤山将此术传给后人丁树山，故丁树山是一指禅推拿的第三代传人。一指禅推拿术手法多样，有推、拿、按、摩、滚、揉、捻、搓、抄、缠、摇和抖十二种。

据说朱春霆为了提高推拿的指力和腕力，每天清晨坚持练强身功"易筋经"，经过整整四年的勤学苦练，终于练就了一手一指禅推拿的绝技。后行医于故里，半年后，重返上海，悬壶于九江路平乐里。一年后，业务兴旺，声誉卓然，善治内、外、妇、儿、伤及五官科各类疾患。1926年，朱春霆20岁时，著名画家吴昌硕大师身患半身不遂而封笔多时，慕名经朱氏推拿医治后，疗效显著，乃画牡丹图相赠。20世纪50年代初，小儿麻痹症肆虐，朱春霆以独特的一指禅推拿手法，治愈了许多患者的后遗症，名噪沪上。嗣后，朱氏作为"推拿专家"，曾多次受邀赴北京，为刘少奇、宋庆龄、董必武、王稼祥、彭德怀、刘伯承、陈毅、陆定一等领导和来华访问的外国知名人士治病，疗效卓著，手到病除，享誉国内外。1964年他进入华东医院工作，1958年与程门雪一起作为上海中医界的代表，出席了"全国医药卫生技术经验交流大会"，受到周恩来总理的亲切接见。同年，受宋庆龄、陆定一的委托，在上海成立了我国第一所推拿学校，并设立了推拿门诊部，朱春霆任校长和推拿门诊部主任，自编教材，亲自授课，先后培养了50余名学生，现分布于全国各地，桃李满天下。

朱春霆先后担任华东医院推拿科主任、中华全国医学会上海分会常务理事、推拿科学会主任委员、全国中医推拿学会名誉主席等职。朱氏曾主编《中医推拿学》，著有《推拿发展史》，修订《中医大辞典》推拿部分，撰写《近代中医名医选》推拿部分。其子朱鼎成继承其业。

朱春霆悉心钻研岐黄之道达半个多世纪，博采众长，深谙"一指禅推拿"的真谛。朱氏认为学推拿者，要明阴阳，识脏腑，循经脉，守孔穴，不然开口动手便错。研究推拿疗法，不但要有深厚的中医基础理论知识，还必须熟谙经络穴位，掌握每一穴位的阔数之度、深浅之状、高低所至以及功效主治，方能布阵用兵。朱氏主张"循经取穴，因人、因症、因部位而治”的原则治病，要区别不同对象，有同病异治者，有异病同治者，有上病下治者，有下病上治者，有从阳引阴者，有从阴引阳者，手随心转，法从手出。一指禅推拿是推拿医学中独特的一个流派，作为一指禅推拿的传人，朱氏师古而不泥古，其推拿风格独到，手法纯熟细腻，指力强健灵巧，推拿手法如行云流水，挥洒自如。

图 96　朱春霆、朱鼎成父子合影

橘井长泉香，杏林四时春。朱春霆先生毕生从事的“一指禅推拿”成为杏林奇葩，随着岁月的流逝，由一指禅推拿所形成的文化，愈加醇厚，一指禅推拿的精神，也将得到后辈的传承（图 96）。

陈存仁

领衔请愿护国医，勤于著述成等身

图 97　陈存仁

陈存仁（1908—1990），原名承沅，又名保康，字存仁（图 97）。祖籍福建，出生于上海老城厢一个破落的绸缎商人家庭。少年丧父，中学毕业后，遵照父亲遗命学医，起初报考了南洋医科大学攻读西医，苦读 2 年后，在暑假中患上伤寒症，西医治疗无效后，就诊于孟河丁甘仁先生，三剂后热退。中医的独特疗效，使陈存仁萌生了学习中医的念头。1923 年，陈存仁考入上海中医专门学校，并在丁福保门下协助编辑《古钱大辞典》和《说文解字诂林》。为进一步学习国文，先后拜师姚公鹤、章太炎；毕业后，又师从丁甘仁、丁仲英父子、名医谢利恒等。1929 年，在南京路平望街口（今山东路）自设诊所，独立行医。同年 2 月，余云岫等人抛出臭名昭著的“废止旧医案”，妄图取消中医。消息传出，民众愤怒，中医奋争，掀起了一场波澜壮阔的抗争活动，这场活动的发起者之一，正是陈存仁。是他与张赞臣两人首先约请谢利恒、丁仲英、陆仲安、夏应堂等沪上名医商议开展抗争事宜，先后筹划召开了“三一七”抗争大会，会后又组织赴南京请愿团，由谢利恒、陈存仁、隋翰英、蒋文芳、张梅庵等五人组成，谢利恒为团长，陈存仁为总干事。请愿团到南京后，抗争活动取得了历史性的成功，陈存仁作为总干事发挥了中坚作用。

陈存仁才华横溢，早在20世纪30年代即有“医界才子”之誉。1928年，他创办了国内首份医药卫生常识报刊《康健报》，行销全国，引起很大反响。同时，他还参与了民国时期上海中医药多种期刊的办刊编辑工作，还是民国时期《申报》《新闻报》、香港《星岛晚报》等专刊专栏的长期撰稿人。著名中医学家程门雪曾有诗赞他：“独向医林张异军，眼中诸子只推陈。灵方别有心源得，占尽江南一角春。”

1930年，年仅22岁的陈存仁受聘担任上海中国医学院教授，主讲中医内科学。1935年，陈存仁主编300余万字的《中国药学大辞典》，该书与谢利恒编纂的《中国医学大辞典》堪称当时医药典籍双璧。1937年，陈存仁东渡日本，收集汉医书籍400多种，整理出版《皇汉医学丛书》。该丛书不但使我国的医学工作者了解日本中医的发展情况，而且对不少国内已散佚的古医籍的整理辑纂提供了不少资料，至今仍有影响。抗战期间，陈存仁任上海市中医师公会常务理事。在工作之余，投入大量的精力和财力，搜集中医药书籍和刊物，历十年“早搜夕索，亲临拜访，曲意诚求”，经他搜集收藏的各种版本的古今中医药书籍6 000余种，还有300多种全国各地出版发行的整套的与中医药有关的报纸和刊物。他自建大楼，藏书于上，挂牌“国医研究所”，集医教研于一体。因其藏书颇丰，使他与杭州裘吉生、宁波曹炳章并称民国时代江南三大中医药藏书家。

1935年至1937年，陈存仁任上海中国医学院总院总务主任。在此期间，他成功策划了当时轰动上海的2个中医药展览会——“日本汉医勃兴展览会”和“国药博览会”，主持筹集巨款并建造了中国医学院天通庵新院舍，重建了学院新图书馆和中药标本室，主编院刊《国医文献》等。抗战结束后，除继续医务工作外，陈存仁更多地从事着社会活动和慈善事业。他与许多对中医药有好感的国民党元老，如李古曾、焦易堂、吴稚晖、陈果夫、陈立夫等人交好往来，同时也利用这些社会关系以争取对中医界的支持。他组织了中医研究社，花巨资在威海卫路建造了中医研究社的大楼及附属诊所；他还策划支持编辑出版了我国最早的以《中医药情报》为名的中医信息刊物；此外，他出资组织创建了百技助学金委员会，带头捐款并帮助修造扩建了仁济育婴堂，同时又身兼多个社会团体、慈善机构的董事或理事职务。

1949年，陈存仁移居香港。在九龙的弥敦道和香港的铜锣湾开设2处诊所，继续行医。20世纪60年代，应香港《星岛晚报》之邀，开辟“津津有味谭”专栏达17年之久。1964年获韩国庆熙大学名誉博士衔。1980年初，获台北“中国文化大学”名誉博士衔。曾任香港中医师会名誉会长，港九中医师公会理事长、名誉会长，中国针灸学会理事长，中国医药学会理事长，健康情绪学会会长；还担任过香港中文大学中药研究中心主任。1985年隐退，并移居美国加州洛杉矶，1990年9月9日，因突发心脏病，逝于美国洛杉矶寓所。

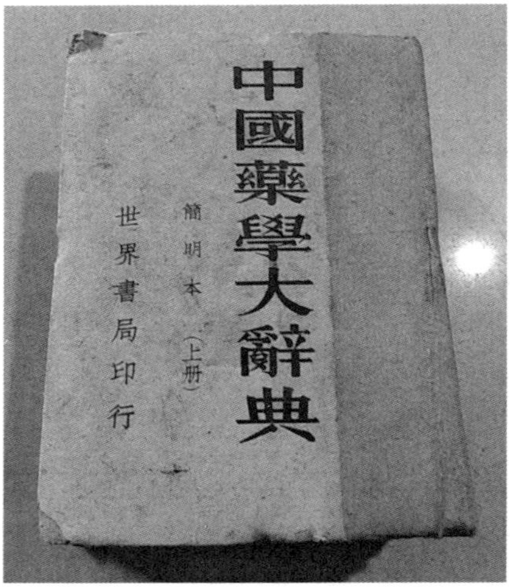

图98 《中国药学大辞典》

陈存仁一生多产，除主编《中国药学大辞典》《皇汉医学丛书》《中国药学大典》（图98、图99）等医学专著外，还写有大量杂著，其中较为著名的有《银元时代生活史》《抗战时代生活史》《我的医务生涯》等。

图99 《皇汉医学丛书》

陆瘦燕

针坛之光，风范长存

陆瘦燕（1909—1969），著名针灸学家，原籍嘉定，后出嗣陆家，寄籍江苏昆山（图 100）。其父李培卿为当地针灸名家，陆瘦燕先生 16 岁中学毕业后即随父学医，他刻苦钻研历代中医针灸典籍，并且每日到父亲诊所侍诊，每遇到疑难之处，必定穷佶其由，直到明白为止。1927 年，18 岁的陆瘦燕顺利通过了上海医学会考试，取得了开业执照，并加入了神州医学会。后定居上海，在八仙桥地区开业设诊（图 101），以其精湛之针术，日诊百余人，且常义务施诊，享誉沪上。

图 100　陆瘦燕

在旧社会，中医受到歧视，针灸更被斥为“不科学”，与江湖术士等量齐观，政府企图取缔中医。陆瘦燕先生和夫人朱汝功认为必须重视对中医学理论的整理和发扬，提高中医队伍的业务水平，加强中医队伍的团结，才能振兴中医事业。为此，他们竭尽全力，在上海报刊上开辟《燕庐医话》专栏，宣传针灸知识，弘扬中医学理论；并整理针灸医籍，结合临床经验，撰写了《针灸正宗》第一集——“中风预防法”“金针实

图 101　陆瘦燕诊所

验录”和第二集——“金针心传”“穴道释义”。1948 年春，陆瘦燕夫妇二人创办了“新中国针灸学研究社”及针灸函授班，亲自编写讲义，传授针灸医术。函授学员遍及国内外，为针灸医学的开拓和传播做出了贡献。与此同时，他们研究针具改革，创制了“瘦燕式”毫针，研制了针灸经络穴位模型。

陆瘦燕在 40 余年的针灸生涯中，全力研究经络学说，用以指导临床，并诠释针灸学的各项理论。他注重全面切诊，整体辨证；重视爪切，善施行气、补泻手法；处方配穴灵活适当。在实践中逐渐形成了独特的学术思想和医疗风格。他尤其对“经气”的含义及“六府之合”“经脉交会”等针灸理论多有阐发，临诊提倡使用温针及五腧穴补母泻子法等以提高疗效。并曾对“烧山火”“透天凉”及“导气”等传统针法，进行临床和实验研究，获得颇有价值的资料。

陆瘦燕于 1952 年参加上海市公费医疗第五门诊部工作，1955 年任第二军医大学及上海市干部疗养院中医顾问。1958 年起，历任上海中医学院针灸教研组主任、针灸系主任、龙华医院针灸科主任（1960—1966 年）、上海市针灸研究所所长，并任国家科委委员、上海市中医学会副主任委员、针灸学会主任委员等职。曾担任全国政协第三届特邀代表，上海市政协第一、第二、第三届委员和中国农工民主党上海市委委员。1959 年作为中国医学代表团成员，赴苏联及东欧诸国进行讲学、会诊与学术交流。陆瘦燕先生在担任龙华医院针灸科主任期间，该科诊疗业务兴旺，颇有影响。在“文革”中，陆瘦燕被诬为“反动学术权威”，于1969年4月27日被迫害致死。1979年2月，平反昭雪。

陆瘦燕毕生从事针灸医疗、教学及科研工作，并致力于针灸学术研究。他与夫人朱汝功共同整理，总结了经络、腧穴、刺灸、治疗等方面得系统理论和临床经验，编写了《针灸学习丛书》，先后出版了“丛书”中的《针灸正宗》《经络学图说》《腧穴学概论》《刺灸法汇论》《针灸腧穴图谱》等分册，其中《针灸腧穴图谱》还被国外出版社翻印发行，对推动针灸学术得发展起到了积极作用。近年来，其夫人朱汝功及门人，将先生生前的论著及医案进行搜集整理，先后出版了《陆瘦燕针灸论著医案选》《针灸腧穴图谱》修订本、《陆瘦燕朱汝功针灸学术经验选》《针灸名家陆瘦燕学术经验集》等专著，将陆氏针灸的理论体系和医疗特点作了详尽介绍。另外，陆瘦燕还发表了二十多篇论文，其内容涉及经络、腧穴、经气、经脉病候的探讨，针刺手法的分类与临床观察，针灸辨证处方配穴的原则，针灸临床治疗经验等，对针灸理论进行了深刻的阐发，有许多独到的见解，卓然成家，被香港《大公报》誉为“针灸大王”而驰名海内外。目前“陆氏针灸”是我国现代针灸学术界的一大流派，2009年被列入上海市非物质文化遗产名录，2011年被列入国家级非物质文化遗产名录，他们门下人才济济，在针灸医疗、科研、教育、文献等诸多领域颇有建树。

参考文献

[1] 余瀛鳌.余奉仙、余无言传略及其医著[J].南京中医学院学报，1983（02）：58—59.
[2] 江育仁.徐小圃先生治学二三事[J].山东中医学院学报，1983（04）：1—4，13.
[3] 朱云达.从曹颖甫、秦伯未治愈“膀胱欬”说起[J].辽宁中医杂志，1983（04）：30.
[4] 陈健民.近代名中医陆渊雷先生年谱[J].天津中医学院学报，1986（01）：43—46.
[5] 林廉洁.近代名医张骧云和他的几件文物[J].上海中医药杂志，1986（05）：49.
[6] 中国人民政治协商会议上海市委员会文史资料委员会.海上医林：上海文史资料选集第六十七辑（中医专辑）[M].上海：上海人民出版社，1991.
[7] 施杞.上海历代名医方技集成[M].上海：学林出版社，1994.
[8]《上海医药志》编纂委员会编.上海医药志[M].上海：上海社会科学院出版社，1997.
[9]《上海卫生志》编纂委员会编.上海卫生志[M].上海：上海社会科学院出版社，1998.
[10]《杏苑鹤鸣》编审委员会.杏苑鹤鸣——上海新中国医学院院史[M].上海：上海中医药大学出版社，2000.

[11]《名医摇篮》编审委员会. 名医摇篮——上海中医学院（上海中医专门学校）校史[M]. 上海：上海中医药大学出版社，2001.
[12] 张存悌. 一事长己必服膺——名医求师事略[J]. 辽宁中医杂志，2002（10）：626.
[13] 裘沛然. 中国医籍大辞典[M]. 上海：上海科学技术出版社，2002.
[14] 伊广谦. 丁福保生平及其著作述略[J]. 医古文知识，2003（01）：14—15.
[15] 金芷君，楼绍来. 环肥燕瘦各千秋——记针灸学家陆瘦燕及其夫人[J]. 医古文知识，2004（02）：26—28.
[16] 楼绍来. 近现代中医史上三位名人——王亦仁、王依仁、王一仁[J]. 医古文知识，2004（04）：16—17.
[17] 萧惠英. 王吉民年表[J]. 中华医史杂志，2004（04）：51—54.
[18] 陈存仁. 银元时代生活史[M]. 桂林：广西师范大学出版社，2007.
[19] 陈存仁. 抗战时代生活史[M]. 桂林：广西师范大学出版社，2007.
[20] 殷秀红. 儒医许半龙[J]. 中医药文化，2008（05）：26—27.
[21] 杨枝青. 蒋维乔中医静坐养生法学术初探[J]. 中医文献杂志，2008，26（04）：41—43.
[22] 上海市中医文献馆，上海中医药大学医史博物馆. 海派中医学术流派精粹[M]. 上海：上海交通大学出版社，2008.
[23] 黄瑛，张宁. 民国“医界二张”对近代中医教育的贡献[J]. 中医文献杂志，2009，27（02）：51—53.
[24] 张存悌. 何鸿舫方签墨迹欣赏[J]. 中医药文化，2009，4（04）：15—16.
[25] 楼绍来. 儒医半龙与南社及医校同门[J]. 中医文献杂志，2010，28（01）：36—40.
[26] 张如青，毛梦飞. “满院杏花谁作主”——纪念谢利恒先生诞辰130周年暨逝世60周年[J]. 中医药文化，2010，5（05）：21—26.
[27] 段逸山. 蒋维乔与丁福保比寿[J]. 中医药文化，2010，5（06）：38.
[28] 邹振环. 丁福保与“丁氏医学丛书”[J]. 东方翻译，2011（06）：37—46.

[29] 沈伟东．医界春秋：1926—1937——民国中医变局中的人和事［M］．桂林：广西师范大学出版社，2011.
[30] 姚旭参．嘉定卫生志［M］．上海：学林出版社，2011.
[31] 陆贞雄．神医陆士谔［J］．中医药文化，2012，7（05）：29—31.
[32] 胡国华，黄素英．海派中医妇科流派研究［M］．北京：中国中医药出版社，2012.
[33] 余瀛鳌．未病斋医述［M］．北京：中医古籍出版社，2012.
[34] 朱音．汪莲石与《伤寒论汇注精华》考述［J］．中医文献杂志，2014，32（03）：49—52.
[35] 邴守兰，纪军，张馥晴，等．方慎盦及其学术思想考略［J］．中医文献杂志，2014，32（06）：28—30.
[36] 徐松如．旅沪徽州人与近代上海中医事业发展［J］．中医药文化，2014，9（04）：39—42.
[37] 张文勇，童瑶，俞宝英．上海中医药文化史［M］．上海：上海科学技术出版社，2014.
[38] 蒋炳昌．诗书医家城隍后　书画金石呈风流　秦伯未的艺术世界［J］．收藏家，2016（10）：50—54.
[39] 吴敬颖，黄瑛．医文俱佳的近代方书——郭柏良《三一七复兴医方》稿本钩沉［J］．中医药文化，2016，11（04）：24—27.
[40] 章原．民国女医的性别焦虑与身份认同——以民国女医刊物为中心的分析［J］．南京中医药大学学报（社会科学版），2016，17（01）：23—29.
[41] 陈稳根，张如青．近代上海女中医研究概况［J］．中医文献杂志，2016，34（03）：66—68.
[42] 魏治平，谢恬．医林翰墨［M］．上海：上海科学技术出版社，2016.
[43] 许洪新．海上法兰西之韵［M］．上海：上海锦绣文章出版社，2016.
[44] 李经纬，梁峻，刘学春．中华医药卫生文物图典（纸质卷）第2辑［M］．西安：西安交通大学出版社，2017.
[45] 李其忠．丁甘仁学术经验集［M］．北京：人民卫生出版社，2017.

[46] 潘华信，严世芸，徐燕.严苍山学术经验集［M］.北京：人民卫生出版社，2017.
[47] 袁灿兴.程门雪学术经验集［M］.北京：人民卫生出版社，2017.
[48] 朱杰.经方大家　后世师表——纪念曹颖甫先生遇难八十周年［J］.中医药通报，2018，17（01）：12—14.
[49] 张怀琼.海派中医流派传略图录［M］.上海：上海科学技术出版社，2018.